Thinking of Strategic Marketing

戦略的マーケティングの思考

目黒 良門 [著]
MEGURO Ramon

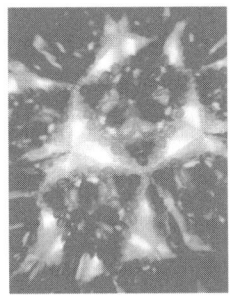

学文社

はじめに
―誤解されっぱなしの「マーケティング」―

今日，私たちは，様々な場所でマーケティングという言葉を目にします．マーケティングという言葉は，もはや企業経営や消費行動に関する学術的な言葉というより，通俗的な一般名詞として広く用いられています．大学やビジネススクールにおいても，マーケティング関連科目の人気は高いらしく，学部において数百名の学生を集める講義も少なくないようです．近年，社名にマーケティングの名前を冠した企業も散見されます．「○○マーケティング株式会社」といったそれら企業の多くは，実際は，大手メーカーの販売子会社であるケースが多いのですが．

マーケティングという言葉が広く認知されるようになったこと自体，その研究と教育とに携わっている筆者にとっては歓迎すべきことかも知れません．しかしながら，マーケティングという言葉に関して，近年，筆者が危惧していることが一つあります．それは，「マーケティング＝マーケティング手段」という誤解の存在です．こうした誤解は，昨今，急に生じて来たものではりません．"マーケティングとはマーケティング手段（製品，価格，販路，広告など）そのもののことである"という誤った考えは，この数十年来，常にマーケティングにつきまとって来ました．さらに厄介なことに，近年，マーケティングという言葉の認知がよりいっそう広がれば広がるほど，この重大な誤解はますます根強いものとなりつつあるようです．

筆者がビジネスの世界からマーケティング研究者に転身して今年で13年になります．その間に，筆者は，多くの社会科学系の研究者が「マーケティングとは売るための手段のことである」という"古より伝わる誤解"を抱いていることに気づかされました．さらに驚くべきことに，経営学を専門とする数名の研究者（あくまで数名ですが……）までが，マーケティングとは販売のための

具体的方法論の羅列に過ぎず，企業経営の本質論からはかけ離れたものであるという思い込みを抱いていたのです．本来，企業経営に対して深い洞察を有しているはずの経営学分野の研究者がこうした誤解を抱いていたという事実は，筆者に少なからぬショックを与えました．

「哲学は神学の"はしため"（下婢）」という有名な言葉があります．中世期のヨーロッパにおいては，教会の権威にもとづいて探究される"神"の真理（すなわち「神学」）こそが本当の真理であって，人間が自らの存在意義を思索によって明らかにしようとする「哲学」はその下に来るものとされていました．「哲学」が見出す真理はあくまで世俗的な真理に過ぎず，それは「神学」上の崇高な真理に隷属するものであると考えられていたのです．筆者が出会った数名の経営学者は，あたかもヨーロッパ中世期の宗教学者のように，「販売手段に過ぎないマーケティングは，企業経営の本質を取り扱う「経営学」の"はしため"（下婢）である」と固く信じているようでした．

"マーケティングとはマーケティング手段（製品，価格，販路，販売促進など）そのもののことである"という見解は，明らかな誤りです．「マーケティング＝マーケティング手段」ではありません．それでは，マーケティングとは，一体何でしょうか？

本書の前半部分は，"市場適応"についての考察が中心となります．本文中にあるように，企業が利益を上げるためには，市場を細分化し，標的を設定し，マーケティング手段を組合せて，市場に提供する必要があります．マーケティングとは，"市場適応"のための意志決定や企業行動の総称であり，極めて幅の広い概念です．さらに，マーケティングを遂行するためには，経営資源（人・モノ・金）の効率的な活用が不可欠となります．マーケティングの考え方を経営の中心に据え，コストの配分を考えなければなりません．全社的な視点から，企業行動を最適化する必要があるのです．こうした最適化された企業行動パターンのことを，私たちは"戦略"と呼んでいます．

マーケティングとは，企業が市場に効率的に適応するための意志決定や企業行動の総称です．そして，マーケティングは，常に企業全体の視点から立案・実行されねばなりません．本書では，こうした全社的な視点から立案・実行される適応行動パターンを『戦略的マーケティング』とし，従来の通俗的な「マーケティング＝マーケティング手段」という発想から切り離して考えたいと思います．『戦略的マーケティング』は，経営学の"はしため"（下婢）などではなく，常に経営の中心に位置していなければならない概念なのです．

本文に入る前に，各講の概要を以下に示しておきたいと思います．
第1講～第5講は，本書の「総論」部分です．「総論」と言っても，これまでの概説書にあるような前提論ではなく，戦略的マーケティングにおける「市場適応」に関する本質的な論考がその中心となります．「自由な戦略発想を阻む要因」「手段の標準化と適応化」「戦略的マーケティングの失敗とそれへの対応」「戦略的マーケティングの変更および修正」など，戦略的マーケティングを立案・実行する上で十分に理解すべき重要テーマが取り扱われています．文章表現は平易ですが，論考の抽象性は高く，大学学部というよりもむしろビジネススクールや大学院において考えるべき内容となっています．これらを読み込むことにより，戦略的マーケティングを行う上での"マインド"と"基本動作"を理解することが出来るようになるでしょう．
本書の後半，第6講～第10講は，戦略的マーケティングの「各論」部分となります．「製品」「価格」「流通」「プロモーション」の順に，個別のマーケティング手段に関する多面的な論考が展開されています．これらについても，従来の概説書とは異なり，一般的なマーケティング手段のすべてを取り扱っているわけではなく，全社的な市場適応の視点および昨今の市場環境変化に照らして重要と思われるものを中心に詳述しています．前半部分（第1講～第5講）の論考を十分に踏まえて，これら第6講～第10講を読むことにより，企業の市

場適応についてより深く理解することが可能となるでしょう．

　筆者は，平成 19 年より，農林水産省および各種調査機関とともに日本の食品ブランドのアジア輸出および現地事業化の調査・研究を続けています．必然的に，本書で取り上げた戦略的マーケティングの事例（ショートケース）も，食品メーカーに取材したものばかりとなりました．しかしながら，文化・社会の多様性への対応を常に迫られているという意味において，食品メーカーほど「戦略的マーケティング」の重要性に直面している企業もありません．その点を踏まえて，本書における事例（ショートケース）を読んでいただければ幸いです．

　2011 年 3 月

目黒　良門

目　次

はじめに ― 誤解されっぱなしの「マーケティング」― ⅰ

第1講　戦略的マーケティングの基本原則 …………………… 1
1．戦略的マーケティングの基本3原則　1
(1) マーケティングに対する誤解と戦略的マーケティング／(2) 「ネズミ捕り器」のアレゴリー（寓話）／(3) 戦略的マーケティングの基本3原則／(4) マーケティング手段の誘惑

2．戦略的マーケティングの本質　7
(1) 標的市場の顧客ニーズ／(2) 手段を用いた適応／(3) 適応行動の評価／(4) 自由かつ柔軟に発想すること

3．何が戦略を阻むのか？　14
(1) T.レビットのマイオピア（近視眼）／(2) 事業領域策定とマイオピア／(3) 市場変化とマイオピア／(4) 市場競争とマイオピア

第2講　戦略的マーケティングの考察枠組み ………………… 22
1．マーケティング手段の「標準化」と「個別適応化」　22
(1) 「標準化」と「個別適応化」の違い／(2) 標準化～スターバックス～／(3) 個別適応化～日本マクドナルド～／(4) 「標準化」に関するマイケル・ポーター（Michael E. Porter）の見解

2．戦略的マーケティングの「評価」　29
(1) 目的と評価／(2) 戦略的マーケティングの目的と評価／(3) マーケティングROI／(4) マーケティングROIとマーケティング計画

3．戦略的マーケティングの「失敗」　35
(1) 戦略的マーケティングの失敗とは／(2) 日本マクドナルドの失敗／

(3) 日本マクドナルドの「過剰適応」／(4) 失敗対応における失敗（"再度の失敗"）

第3講　戦略的マーケティングのプロセスと組織 …………… 42
1．戦略プロセス　42
(1) 戦略プロセスにおけるレベル／(2) 企業戦略（企業レベル）／(3) 事業戦略（事業レベル）／(4) マーケティング戦略（マーケティングレベル）

2．事業戦略（事業レベル）の詳細　49
(1) 事業領域の策定／(2) ポートフォリオ戦略／(3) 競争対抗戦略／(4) プロダクト・ライフ・サイクル（P.L.C.）

3．組織　57
(1) 戦略的マーケティングにふさわしい組織とは／(2) これまでの組織分類／(3) マーケティング組織における情報伝達と情報共有／(4) ネットワーク型組織とマーケティング・カンパニー

第4講　ターゲット設定とマーケティング・ミックスの策定 …………………………………………………………… 64
1．標的設定　64
(1) 市場細分化の意味／(2) 細分化基準／(3) 購買決定プロセス（「行動基準」「心理基準」の重要性）／(4) ライフスタイルとは

2．マーケティング・ミックス（Marketing Mix）の策定　71
(1) マーケティング・ミックスの考え方／(2) マーケティング・ミックスと競争対抗戦略／(3) マーケティング・ミックスとポートフォリオ戦略／(4) マーケティング・ミックスとプロダクト・ライフ・サイクル（P.L.C.）

第5講　戦略的マーケティングの変更と修正 ……………… 79

1．戦略的マーケティングの変更と修正に関する注意点　79

(1)　変更と修正に関する注意点／(2)　戦略の変更と戦略の修正／(3)　失敗の原因と失敗の結果／(4)　変更と修正のためのコスト

2．戦略的マーケティングの変更と修正の方法　86

(1)　戦略的マーケティングの変更／(2)　アライアンスによる戦略的マーケティングの変更／(3)　戦略的マーケティングの修正（「製品」による修正）／(4)　戦略的マーケティングの修正（「プロモーション」による修正）

3．戦略的マーケティングの変更と修正に関するショートケース（事例）　92

(1)　アライアンスによる戦略の変更～スターバックスとカゴメ～／(2)　プロモーションによる修正～オロナミンC（導入期・成長期）～／(3)　プロモーションによる修正～オロナミンC（成熟期）～／(4)　プロモーションによる修正～日清カップヌードル（成熟期）～

第6講　製品戦略（その1）～製品レベルでの「標準化」と「個別適応化」～ ……………………………… 100

1．標準化と個別適応化をいかに捉え直すか　100

(1)　標準化と個別適応化を捉え直すための視点／(2)　市場適応における戦略意志（どのような市場適応を行うのか？）／(3)　市場の文化的背景／(4)　経営資源の再配分

2．標準化に基づく製品戦略　106

(1)　マイケル・ポーターの製品戦略／(2)　標準化にふさわしい標的市場／(3)　高感度市場における標準化～アップルのケース～／(4)　他のマーケティング手段を用いた標準化"支援"

3．個別適応化に基づく製品戦略　113

　(1)　パンカジ・ゲマワットの製品戦略／(2)　セミ・グローバル戦略（個別適応化の"変容形"）／(3)　他の手段を用いた標準化"支援"のショートケース（事例）〜ヤクルト（ベトナム）〜／(4)　セミ・グローバル戦略のショートケース（事例）〜エースコック㈱〜

第7講　製品戦略（その2）〜ブランド戦略〜　121

1．ブランドの考え方　121

　(1)　ブランドとは何か／(2)　ブランド・アイデンティティ／(3)　ブランド・エクイティ／(4)　ブランド・ストラクチャー

2．ブランド戦略　127

　(1)　ブランド戦略のポイント／(2)　プロダクト・ライフ・サイクル上の各ステージにおける「ブランド戦略」／(3)　ブランド戦略とブランド・コンフリクト／(4)　ブランド戦略のコスト

3．ブランド訴求力衰退への対応　134

　(1)　成熟期のブランド訴求力衰退（本質的衰退とマーケティング要因による衰退）／(2)　ブランド・ストラクチャー（Brand Structure）の内容／(3)　ブランド・アイデンティティの再定義（ブランド訴求力衰退への対応①）／(4)　サブ・ブランディングとコ・ブランディング（ブランド訴求力衰退への対応②③）

第8講　価格戦略　142

1．価格戦略とは　142

　(1)　価格戦略の注意点／(2)　企業からの"メッセージ"としての価格〜「ドリームキャスト」のショートケース〜／(3)　戦略的な価格設定とは／(4)　他のマーケティング手段との整合化（ミックス・フィット）

2．戦略的な価格設定（価格戦略）　148

(1) 上層吸収価格戦略／(2) 上層吸収価格戦略の要件／(3) 浸透価格戦略とその要件／(4) 価格戦略と標準化

3．上層吸収価格戦略と浸透価格戦略のショートケース（事例）　155

(1) 上層吸収価格戦略～メルセデス・ベンツ～／(2) 上層吸収価格戦略～マクラーレン～／(3) 浸透価格戦略～1970～80年代における日本の自動車メーカー～／(4) ローエンド市場獲得戦略

第9講　流通戦略　……………………………………　162

1．流通および流通戦略とは　162

(1) 流通について考えるための視点／(2) マクロの「流通」とミクロの「流通戦略」／(3) トラディッショナル・トレードの本質／(4) 流通戦略

2．日本的流通とは　169

(1) 日本的流通の特質／(2) 日本のトラディッショナル・トレード～遅れ論と違い論～／(3) 日本的流通の形成要因／(4) 日本の流通はなぜわかりにくいのか？

3．流通戦略　175

(1) 従来のチャネル選択基準／(2) 従来の（戦略的ではない）チャネル政策／(3) 流通戦略の本質／(4) 流通戦略のショートケース～インテル～

第10講　プロモーション戦略　……………………………　183

1．新しいプロモーション戦略の考え方　183

(1) 新しいプロモーション戦略のポイント／(2) "ホリスティック"なアプローチ／(3) 場（あるいはコミュニティ）～渋谷のファッション・

コミュニティ～／⑷ クチコミ
2. インターネット・コミュニティと統合型コミュニケーション
　　190
　　⑴ インターネット・コミュニティの構造／⑵ インターネット・コミュニティにおける消費者行動／⑶ 統合型コミュニケーションの本質／⑷ 統合型コミュニケーションのショートケース～「TSUBAKI」と「ひかりONE」～

あとがき　198
索　引　199

第1講
戦略的マーケティングの基本原則

1. 戦略的マーケティングの基本3原則

(1) マーケティングに対する誤解と戦略的マーケティング

　今日，私たちは企業経営や消費生活のあらゆる場面で，頻繁に「マーケティング」という言葉を目にします．書店に行けば，企業経営関連のコーナーには必ずマーケティング関連の書棚があり，マーケティングの名を冠した数多くの書籍が置かれています．大学においても「マーケティング」関連科目の人気は高いようです．筆者は東京都内の大学で，ビジネススクール（大学院）および学部の学生にマーケティングを教えていますが，新学期の初めの教室には毎年定員を超える大勢の学生が押しかけ，立錐の余地もないほどです．

　しかし，マーケティングという用語がこれほど身近になったにもかかわらず，相変わらずマーケティングの意味は誤解され，その用語は間違って使われ続けています．頻繁に見受けられる誤解の一つが，「マーケティングとは"手段"（方法論）である」という誤解です．筆者自身も何人かの大学教員それも社会科学系の研究者から，「マーケティングとは売るための手段ですよね？」という質問を投げかけられたことがあります．社会科学の専門家でさえこうなのですから，この重大な誤解はかなり一般的なものと思わざるを得ません．

　では，マーケティングとは正しくは何なのでしょうか？　本書では，マーケティングを「組織が目的を達成するための環境適応行動」であると考えます．今日，マーケティングの主体は企業ばかりとは限りませんので，あえて主体を企業とせずに，ここでは広く組織と表現しました．ですから，企業活動に限定して，狭く再定義するなら，マーケティングとは「企業が利益を獲得するため

の市場適応行動」ということになるでしょう．

　さて，それでは「組織が目的を達成するための環境適応行動」にとって，必要不可欠なものとは一体何でしょうか？　それは，「環境適応行動」のためのガイドラインです．いわば，「どのように行動すれば環境適応が進み目的が達成されるのか」について熟考した結果，導き出された汎用性のある"成功パターン"です．本書ではこうした環境適応のための"成功パターン"を「戦略」と呼ぶことにします．

　まとめると，こういうことになります．「マーケティングとは，組織（企業）が目的達成（利益獲得）するための環境（市場）適応行動のことであり，環境（市場）適応に成功するためには，"成功パターン"としての戦略を学ばなければならない．」

　すなわち，マーケティングは，環境適応のための"成功パターン"としての戦略と不可分の関係にあるのです．繰り返しますが，マーケティングは販売のための方法論ではありません．戦略に基づく環境適応行動のことなのです．筆者は，これまで繰り返されてきたマーケティングに対する誤解がふたたび生じることがないように，本書のタイトルを，「マーケティング」ではなく，「戦略的マーケティング」としました．組織（企業）の環境（市場）適応とそのための"成功パターン"を明らかにすることが，本書のメインテーマです．

　それでは，次に，マーケティングに関するある有名な寓話（アレゴリー）を紹介しましょう．それを踏まえ，戦略的マーケティングについてさらに詳しく説明いたしましょう．

(2)　「ネズミ捕り器」のアレゴリー（寓話）

　……あるところに，「ネズミ捕り器」を作っている会社がありました．仮にA社としましょう．長い間に市場は成熟化し，ライバル企業が増え，売れ行きは芳しくありません．そこでA社は新たなマーケティング計画を立案し，実行に移すことにしました．まず，多大なコストをかけ，製品に大幅な改良を加え

ました．センサーを取り付け，デザインを一新し，より堅牢な「ネズミ捕り器」を作りました．それでも「ネズミ捕り器」は売れません．そこで，次に価格を下げることにしました．コスト割れギリギリまで価格を下げてみました．それでも「ネズミ捕り器」は売れませんでした．次に，販路を広げることにしました．多くの営業要員を雇い入れ，従来の流通ルート以外に，様々な販路を開拓しました．しかし，「ネズミ捕り器」は売れませんでした．最後に，A社は多大なコストをかけてテレビCMを作成しました．それでもやはり，「ネズミ捕り器」はまったく売れませんでした．製品を改良し，価格を下げ，販路を広げる努力をし，テレビCMまで作ったのです．資金はついに底を尽き，A社は倒産してしまいました……

　A社の間違いとは何でしょうか？　A社は最も基本的なマーケティングのセオリーに則り，"製品""価格""流通（販路）""広告"の4つの要素を用いてマーケティングを行ったに過ぎません．何がいけなかったのでしょうか？　物語は続きます．

　……同じく「ネズミ捕り器」を作っているB社がありました．B社は「ネズミ捕り器」製造に関するすべての資産を売却してしまいました．そして，得られた資金をもとに，新たに「ネズミ除けの薬剤が入ったスプレー缶」を製造しました．ネズミが通りそうな所にこのスプレーで薬剤を散布しておけば，主婦はもうネズミの顔を拝まなくて済むのです．捕まえたネズミを処分する必要もありません．もちろんネズミに触れる心配もありません．このスプレー缶は大ヒット商品となり，B社は一気に業界のリーダーに躍り出ました……

　A社とB社の違いとは何でしょうか？　どちらも市場という環境に適応しようとしたという点においては同じでしょう．問題は戦略的に行動したか否かです．A社は戦略的ではなかったのです．

(3) 戦略的マーケティングの基本3原則

「ねずみ捕り器」の寓話において，B社は戦略的であり，A社は戦略的でなかった．冒頭述べたように，マーケティングにおける戦略とは，組織が目的達成のための環境適応を行う際の原則のことです．そもそも，A社は環境適応行動のための原則，それも当然に守られるべき最初の原則を守っていませんでした．マーケティングが戦略的であるために，守られるべき最初の原則とは以下の3つです．3つしかないのです．番号を付与しましたが，とくにどういう順番で重要であるとか，どれが最も大事かということはありません．これら3つは，常に相互に結びついています．

〈戦略的マーケティングの基本3原則〉
　① 標的市場の顧客ニーズについて冷静かつ客観的に考えること
　② 自己および既存の手段に固執しないこと
　③ 適応方法について自由かつ柔軟に発想すること

倒産したA社にとって，①の標的市場の顧客ニーズとは何だったのでしょうか？　これは非常に重要な問いかけです．この場合，真の顧客ニーズとは，「ネズミがいなくなること」に他なりません．間違っても「ネズミ捕り器」が顧客ニーズではないのです．「ネズミ捕り器」は，顧客ニーズを満足させ，利益を得るための単なる"手段"に過ぎません．最後まで自社の「ネズミ捕り器」を売り続けようとしたA社は，自社の「ネズミ捕り器」こそが顧客ニーズであるというカン違いをしていました．②にあるように，自己の手段に固執し続けていたのです．このように，①の顧客ニーズ把握における過ちは，そのまま②の自己の手段への固執に結びついてしまいます．そして，顧客ニーズ読み違いと手段への固執は，③の自由な発想を妨げます．自己の手段に固執し続けるあまり，A社からは，ついに適応のための自由な発想は生まれ得ませんでした．自己の手段への固執とそれに対する過剰な投資は，経営を圧迫

し，ついにA社は倒産してしまうのです．

　対するB社はどうだったでしょうか？　①の標的市場の顧客ニーズについて，B社は冷静かつきわめて客観的に捉えていました．顧客のニーズは「ネズミ捕り器」ではなく，「ネズミがいなくなること」です．しかも顧客層である主婦は，捕まえたネズミの処分に困り果てていました．B社は②従来の自己の手段（ネズミ捕り器）に固執せず，③自由な発想で適応方法を考えました．ネズミを捕まえる必要はないのです．要は家庭からネズミがいなくなれば良いわけです．もともと液体である薬剤の合成には，さほどコストがかかりませんでした．製造コストが安価な分だけ，競争優位性も働きます．そして，①顧客ニーズを客観的に捉え，②自己の手段に固執せず，③適応のための自由な発想を生み出すという，A社がたどった流れとはまったく逆の上向きの正のスパイラルが生まれたのです．

　もちろん，「ネズミ捕り器」の話はフィクションです．しかしながら，これら3つの原則は，マーケティングが戦略的であるために必要欠くべからざる前提なのです．

(4)　マーケティング手段の誘惑

　本章の冒頭で，マーケティングに対する誤解について述べました．「マーケティングとは"手段"（もしくは方法論）のことである」という誤解です．ある知り合いの中堅アパレルメーカーの若手の社長と話をした時です．その社長はこのようにおっしゃっておられました．「わが社もいよいよ本格的にマーケティングをしようと思ってね．テレビCMを作ることにしましたよ．」自信ありげにそうおっしゃるので，筆者は思わず問い返す言葉を飲み込んでしまいました．「では，どのような顧客層がターゲットなのですか？　ターゲットのボリュームはどのくらいですか？」「テレビCMのコストはお幾らですか？　そのCMからどのくらいの収益が見込めるのですか？　つまり利益率をどうお考えですか？」社長の口からは，テレビCM以外にマーケティングに関する言葉

は，ついに聞かれませんでした．この社長が，[マーケティング＝テレビCM]と考えているのは明らかです．しかし，私たちはこの社長を嗤うことはできません．私たちの周りには本当にこの種の誤解が多いのです．「マーケティング＝マーケティング手段」という誤解です．先述したように，社会科学系の研究者の中にも，未だ同様の誤解を抱いている人が多く見受けられます．

確かに1950年代以降のマーケティング理論においては，マーケティングは4つの手段の組合せにより実行されます．手段はマーケティングの実行にとってきわめて重要なものに違いありません．「製品：Product」「価格：Price」「流通：Place」「販売促進：Promotion」の4つの手段をどのように組合せ，標的市場に提供するのか．これら4つの手段もしくは要素の組合せのことを，マーケティング・ミックス（Marketing Mix）といったり，その頭文字を取って4Pミックス（4P's）といったりします．組合せようが個別に取り扱おうが，これらはすべて目的を達成するための手段あるいはツールすなわち道具に過ぎないのです．

しかしながら，私たち人間は不確定要素の多い未知の課題に取組もうとする時，どうしても目に見えるもの，物理的に把握できるもの，身近に存在するものに触手を伸ばしてしまいます．黙って思考を働かせる前に，どうしても形而下の事物（実際に存在する具体的な事物）に目が行ってしまうのです．本来戦略的であるべきマーケティングにおいて，戦略を思考するよりも先に具体的な手段（たとえば，自社製品やテレビCMなど）に目が向いてしまうのも同じ理由によるものです．マーケティング手段は企業経営者にとって，誘惑に満ちた危険なものと心得るべきかもしれません．さらに，恐ろしいことに，マーケティングにおいて最もコストがかかるのが，これら4つの（「製品：Product」「価格：Price」「流通：Place」「販売促進：Promotion」）手段なのです．前項で述べた，「ネズミ捕り器」のケースも同じです．顧客ニーズについて客観的に検討し，戦略について自由に思考する前に，A社のマーケティング担当者の目は既存の自社製品という手段（製品）に向かい，ついにはそこから離れられなくなってしま

いました．そして，マーケティング手段に伴う膨大なコストにA社は押しつぶされてしまったのです．

最初の3つの原則に従うこと．とくに注意すべきは，②の既存のマーケティング手段に固執しないということです．これが，戦略的マーケティングの第一歩と心得てください．

2．戦略的マーケティングの本質

(1) 標的市場の顧客ニーズ

ここで，戦略的マーケティングの3つの原則の内容について，もう少し考えましょう．まず，①「標的市場の顧客ニーズについて冷静かつ客観的に考える」についてです．

この地球上に広がる広大無辺な消費市場というものを，様々な基準に基づいて，グループ分けします．グループ分けしたものがセグメント（Segment）です．定量的あるいは定性的な基準に基づいてセグメント化することによって，それまで物理的に捉え難く，可視化することも不可能だった消費市場が，自社の適応行動の対象として浮かび上がってきます．複数出現してきたそれらセグメントの中から，自社の資源（経営資源：人，モノ，カネ，情報）に照らし合わせて最も適応しやすいものを選択します．これが，標的市場（Target）です．標的市場とは，いうなれば消費に関する何らかの嗜好性によってまとめられた一群の消費者のことです．次に，その一群の消費者（＝標的市場）のニーズ（Needs）を調べます．このようにして，私たちはようやく顧客ニーズに辿り着くわけです．

以上が，今日最も一般的な標的設定，顧客ニーズ探索の方法です．本書においても，第4講に顧客ニーズの探索プロセスについての説明があります．このような顧客ニーズ探索のプロセスは，1950年代にモダン・マーケティングの理論が確立された当初から現在に至るまで語り伝えられてきたもので，わが国

においても，ほとんどのマーケティング教科書や研究書がこれを採用しています．このプロセスはあくまでも消費者起点の発想に基づいていますから，これを忠実に実行していけば，前項で述べたような「既存の手段への固執」や「自己の手段への固執」といった過ちは起こらないというわけです．確かに理論的にはそうかもしれません．ただ，そこにはもう一つのリスクが隠れています．

　リスクとは何でしょうか？　それは「顧客ニーズを勝手に想像し，勝手に創造してしまう」というリスクです．企業のマーケティング担当者は顧客ニーズを探し当てようと躍起になっています．前述のプロセスに従って，定量的・定性的な手法で，顧客ニーズの探索を行います．熟考に熟考を重ね，どんどん"頭デッカチ"になっていきます．そして，「現実にありもしない顧客ニーズを勝手に発明してしまう」という事態が生じます．一般に，顧客ニーズは，これをできるだけ精緻に描いていけばいくほど，具体的手段（製品やサービス）に近接していきます．ですから，顧客ニーズを詳しく探ろうとすればするほど，最後には，現実からかい離した製品やサービスが創造されてしまうという結果になりかねません．

　筆者は，Webサービスを開発するベンチャーを数多く見てきましたが，上記の矛盾を抱えたビジネスプランにしばしば出会いました．「ネット予約可能な保育園児の遠距離送迎サービス」「ペットの医療情報を交換するためのSNS」等々，実際に顧客ニーズが存在するように見えますが，実際は机上で練り上げられた現実性に乏しいプランでした．Webサービスに精通している人ほど，どうもこの間違いを犯しやすいようです．

　現実に存在しない顧客ニーズを都合よく作り出すことは許されません．①にあるように，「標的市場の顧客ニーズについて冷静かつ客観的に考える」ことが重要なのです．

(2) 手段を用いた適応

　原則②において「自己および既存の手段に固執しないこと」といいました．

とはいえ，標的市場に適応するためには，当然何らかのマーケティング手段を用いなければなりません．繰り返しになりますが，手段とは一義的には「製品：Product」「価格：Price」「流通：Place」「販売促進：Promotion」の４つです[2]．これら４つの手段の組合せのことを，通常，マーケティング・ミックス（Marketing Mix）といったり，頭文字を取って４Ｐミックス（4P's）と言ったりします．ここで注意すべきは，これらマーケティング手段は，４つの手段を組合せた一種の"複合体"として取り扱われなければならないということです．わかりやすくいえば，これら４つをいついかなる時でもセットとして取り扱わなければならないのです．企業は４つの手段を組合せた"複合体"を，マーケティング手段として特定の消費者ニーズを有する標的市場に提供します．マーケティング手段の"複合体"をいかに効率良く（少ないコストで）標的市場に適応させるか？　あるいは，させ得ないか？　きわめてシンプルに捉えれば，これが戦略的マーケティングの究極のテーマです．

　さて，４つのマーケティング手段ですが，中心となる要素とは何でしょうか？　それは紛れもなく「製品：Product」です．これには３つの理由があります．１つには，４つの中で，製品（もしくはサービス）だけが唯一物理的な把握が可能な手段だからです．あるいは目に見える可視的な手段といっても良いかもしれません．つまり企業から提供される手段の中で，顧客が最も認識しやすいものが製品（もしくはサービス）なのです．２つ目の理由として，顧客の便益（顧客が欲している利益）のほとんどが製品（もしくはサービス）の機能や品質の中に埋め込まれていることが挙げられます．"購買の理由"（価格が安い，広告に惹かれた等）は顧客によって様々ですが，"購買の目的"（機能の新規性やデザイン）はどんな顧客にも共通しており，その大部分が製品（もしくはサービス）の中に埋め込まれています．３つ目の理由としては，コストの問題が挙げられます．マーケティング手段とは「製品：Product」「価格：Price」「流通：Place」「販売促進：Promotion」の４要素の複合体です（図１−１参照）．それは同時にマーケティング手段というものが，企業経営において最もコストがかかる部分

であることを意味します。プロフィット・センター（利益の中心）であると同時にコスト・センター（費用の中心）でもあるわけです。適応に成功すれば，マーケティング手段は利益増加に貢献をしてくれます。しかし，いったん適応を間違えると，マーケティング手段はどんどんコストを増加させていきます。前章(2)の「ネズミ捕り器」の寓話を思い出してください。そして，本来コスト・センターであるマーケティング手段の中でも，最も多額の費用を有するのが「製品：Product」なのです。企業が製品開発や製品改良に多大なコストを掛けることを考えれば，おわかりいただけるかと思います。

標的市場の変化や顧客ニーズの変化に応じて，手段の組合わせは修正されます。修正した上で再適応を図らねばなりません。その際にも，手段の中心には「製品：Product」が存在しています。製品の修正（製品改良等）にどのくらいのコストがかかるのか？　それよりも他の手段（広告等）を修正すべきなのか？　慎重に考察されねばなりません。

(3)　**適応行動の評価**

前項では，「製品：Product」「価格：Price」「流通：Place」「販売促進：Promotion」から成るマーケティング手段の"複合体"［4Pミックス（4P's）］を標的市場に適応させうるか否かが戦略的マーケティングの究極のテーマであるといいました。それでは，適応に成功するとは一体どういうことでしょうか？　何をもって適応行動が成功したというべきなのでしょうか？　企業がマーケティング手段を用いて市場適応を図る。その成否を判断するためには，適

図1－1　手段を用いた「適応」

ターゲット・フィット（適応）

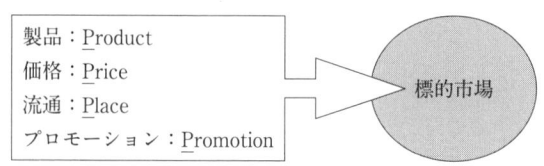

応行動の結果を評価することが不可欠です．では，評価とは何でしょうか？本章の冒頭に示したマーケティングの定義をご覧ください．

「マーケティングとは，組織（企業）が目的達成（利益獲得）するための環境（市場）適応行動のことであり，環境（市場）適応に成功するためには，"成功パターン"としての戦略を学ばなければならない。」

私たちが行おうとしているのは目的達成のための適応活動です．そして企業活動の目的とは利益獲得に他なりません．とはいえ，利益獲得に膨大な時間を費やすことは許されません．マーケティングは一定の計画（マーケティング・プラン）に沿って，時間的制約の下で行われます．すなわち適応行動の評価とは，要約すれば，「所定の期間内に利益を獲得できたか否か」ということになるでしょう．これは，一見すると，きわめて常識的で当たり前の結論です．マーケティングは企業が利益を獲得するために行われるのですから．

ところが，企業のマーケティング現場を観察していると，一見当たり前のこの結論がまったく忘れ去られているというケースにしばしば出会います．「まさか……」と皆さんは思われるでしょう．しかし，「目的と評価軸を見失わずに，時間的な制約（計画）を遵守しつつ，マーケティング手段を用いた市場適応を行う」ことがいかに難しいか．筆者は，大企業のマーケティング担当者が，目的も評価も定まっていない戦略的マーケティング（いや，本当は戦略的マーケティングとはいえない！）をダラダラと行い，湯水のごとくお金を使っていくのを幾度となく目にしてきました．

計画期間内に利益を獲得し得たか否かが，適応行動の評価にとって重要であることはわかりました．しかしながら，最終的な評価軸の把握には，さらに注意を要します．まず，利益は「目標数値化」されなければなりません．さらに重要なことは，利益を絶対的な目標値として捉えるのではなく，儲けの割合すなわち「利益率」として捉えることです．もっと厳密にいえば，期間内の変動傾向を知る必要があります．マーケティング計画期間内に利益率がいかほどアップしたのか．あるいは利益率がどのくらい落ち込んだのか．適応行動の最終

的な評価軸としては，これらが最も重要な数値です．戦略的マーケティングにおける利益率変動の計算については，第2講で改めて紹介したいと思います．

戦略的マーケティングを理解するのに会計学の知識が不可欠ということではありません．しかしながら，従来のマーケティング担当者はあまりにも，マーケティング行動の数量的な評価軸に無頓着でした．皆さんはこれをきわめてシンプルに捉えてください．最も有効な評価軸は，マーケティング行動（適応行動）の結果もたらされる期間内利益率の変化です．

(4) 自由かつ柔軟に発想すること

最後に，戦略的マーケティングにおいて守られるべき原則の③「適応方法について自由かつ柔軟に発想すること」について考えてみましょう．

何度も述べてきたように，企業はマーケティング手段の組合わせを標的市場に適応させ，その結果として，獲得すべき利益を増大させていかなければなりません（図1－2参照）．いかなる戦略を考案し，実行したとしても，あくまでも評価の対象となるのは結果です．十分に市場環境の調査を行い，標的市場を選択し，マーケティング手段の組合わせ（プラン）を練り上げ，少ないコストで有利に適応する方法を考え出したとしても，こうしたプロセス自体は何の評価の対象にもなりません．だからといって，当てずっぽうにこのプロセスを構築して良いかというと，そういうことにはならないでしょう．多くの企業が，きわめて不確実性の高い市場適応行動というものを策定するにあたり，他社の事例の中から適応行動の模範を探し出し，これに倣おうとします．過去の様々な適応行動の成功ケースを探り，市場環境と企業の置かれた状況が，自分たちのそれに最も近いものを探し出そうとします．そしてそうしたケースを模倣しようとするのです．ケーススタディ（事例研究）が重んじられる理由はここにあります．一般に，こうした個々の成功ケースは，"ベストプラクティス"（Best Practice）と呼ばれています．

ところが，注意しなければならないのは，こうした"ベストプラクティス"

図1—2 「適応」のための自由で柔軟な発想

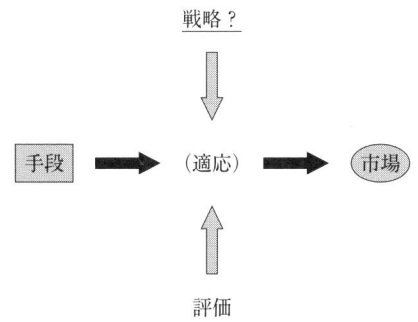

が直ぐに自社のケースに当てはまるかというと必ずしもそううまくはいかないということです．もちろん，マーケティングの教科書に載っていたケースがドンピシャと当てはまり，利益の持続的増大をもたらしたという場合も多くあるでしょう．しかし実際は，うまくいかない場合の方が多いのです．ここでいう"ベストプラクティス"とは，いわば他人が考えた"仮説"のことです．そこで，新たに重要になってくるのが，オリジナルな"自分の仮説"を構築してゆくというアプローチです．しかしながら，そうやって"自分の仮説"を構築したとして，それが直ぐに有用なものとなるかというと，これとて必ずしもうまくはいきません．直ぐに"自分の仮説"を修正し，新たな仮説を作り出す必要に迫られる場合が多くあります．つまり，マーケティングにおける戦略の構築とは，適応に成功するための"仮説"を繰返し創造してゆく作業ということになります．飽くなき試行錯誤の中から作り出されてゆくものなのです．しかし実際のところ，これは多少なりともゆううつな話です．他人の仮説は当てにならない．飽くなきトライ・アンド・エラーの中からオリジナルな仮説を見い出すべく努力せよというわけですから．

　それでは，企業が市場適応に成功するために，より有効な仮説を見つけ出す方法があるのでしょうか？　筆者は，その方法とは，「これまでの行動や他者の行動にとらわれない，自由かつ柔軟な発想で適応方法の考察を行うこと」で

あると思っています．標的市場の選択と適応方法の開発について，自由かつ柔軟に発想できるか否か？　自己の手段や他人の手段に惑わされずに，まったく新しい仮説を発想できるか否か？　戦略的マーケティングにおいて最も頭を使うべきは，正にこの部分なのです．

3．何が戦略を阻むのか？

(1)　T.レビットのマイオピア（近視眼）

　適応のための有効な仮説を見つけ出し，そこから汎用性の高い戦略を導き出すためには，自由かつ柔軟な発想で適応方法を考察することが重要であるといいました．成功ケース（ベストプラクティス）を学習し，これを模倣することも確かに重要です．しかし，自己の手段や他人の手段に惑わされずに，自由な新しい仮説を発想・構築することはもっと重要なのです．戦略とは自由な発想から生まれるものなのです．自由な発想から生まれた市場適応の仮説を，厳密かつ統一性ある評価基準で検討するのが，戦略的マーケティング本来のあるべき姿です．

　けれども，いざ私たちが仮説を構築しようとする際に，創造性とは反対の力あるいは創造性を消し去ろうとする力が働く場合があります．“自由な発想を阻害するもの”といってもよいかもしれません．筆者はこれを“戦略を阻むもの”と呼んでいます．では，“戦略を阻むもの”とは，一体何でしょうか？　ここで，第1章の原則③「自己および既存の手段に固執しないこと」（あるいは「ネズミ捕り器」の寓話）および「マーケティング手段の誘惑」を思い出してください．私たちは未知の課題に取組もうとする時，どうしても目に見えるもの，物理的に把握できるもの，身近に存在するものに安易に触手を伸ばしてしまいます．自由に考える前に，実際に存在する具体的な事物に目が行ってしまうのです．“戦略を阻むもの”“自由な発想を阻害するもの”とは，他ならぬ身近に存在しているマーケティング手段のことなのです．

1970年代に活躍したマーケティング学者で当時の米国企業の活動に大きな影響を与えたセオドア・レビット（Theodore Levitt）という人がいます．T. レビット[3]は，戦略的マーケティングにおける自由な発想を阻害してしまうこうした人間の心の働きを「マイオピア」（Myopia）という言葉で説明しました．「マイオピア」とは「近視眼」という意味です．つまり，近くのものしか見えていないという状態です．いったん「マイオピア」に陥ると，企業経営全体および企業を取り巻く環境全体がまったく見通せなくなります．さらには，マーケティングにとって最も重要な標的市場や顧客ニーズすら見えなくなってしまいます．逆に，「製品：Product」「価格：Price」「流通：Place」「販売促進：Promotion」の4つの手段は，常にマーケティング担当者の身近に存在しています．これら4つの手段の中でも，とくに，T. レビットはマーケティング担当者が「マイオピア」に陥りやすい対象として，「製品：Product」を取り上げました．自社製品中心の発想が，いかに自由な発想による仮説構築や戦略創造を阻むのか，T. レビットはその著名な論文「Marketing Myopia」［マーケティング・マイオピア（マーケティング近視眼）］の中で実例を挙げながら説明しています（図1－3参照）．

　T. レビットの著作は，戦略的マーケティングの古典と呼ぶことができます．古典ではありますが，その深い洞察力が色褪せることはありません．筆者はこうしたT. レビットの「マイオピア」（近視眼）理論をおおまかに独自の4つの視点で捉えています．T. レビットの理論は，自由な発想による戦略の創造こ

図1－3　戦略を拒むもの（Marketing Myopia）
　　　　―近くのものしか見えないということ―

　　　製品発想？
　　　　→製品ありき？　"ねずみ取り器" の寓話

　　　技術（テクノロジー）発想？
　　　　→技術（テクノロジー）ありき？

そが市場適応成功への近道であること，戦略は顧客ニーズ中心の発想から生まれたものでなければならないことを教えてくれます．

(2) 事業領域策定とマイオピア

　戦略的マーケティングにおける古典，T.レビットの「マーケティング・マイオピア（マーケティング近視眼）」は，大きくこれを3つの視点で捉えることができます．「事業視点」「市場変化の視点」「市場競争の視点」の3つです．

　「事業視点」から説明していきましょう．T.レビットは，マーケティングを単に手段を用いた適応行動としてのみ捉えるのではなく，これを企業経営の全プロセスの中で捉えました．「顧客ニーズ」を踏まえて，企業経営のプロセスを一から点検していったのです．企業経営プロセスの第一歩とは，「事業領域の策定」です．T.レビットは次のように問いかけます．「あなたの事業とは何なのか？」「あなたは自分の事業を見誤ってはいないか？」マーケティング近視眼に陥らないためには，まず初めに，顧客ニーズを踏まえ，自社の事業を正確に定義することが必要です．極端なことをいえば，自社の事業の本質を客観的に把握することができれば，戦略的なマーケティングは半ば成功したも同然なのです．

　これについて，T.レビットは失敗例を挙げて説明しています．「なぜ，米国の鉄道産業は衰退したのか？[4]」かつて米国における交通産業の花形だった鉄道事業はすっかり衰退し，この50年間で主役の座を航空事業に明け渡してしまいました．旅客と貨物輸送の需要が減少したのでしょうか？　そうではありません．むしろ需要は持続的に増加しています．原因は，当時の大手鉄道会社が，自らの事業の定義を誤ったことにあるのです．鉄道会社は過去の成功に酔いしれ，「マーケティング・マイオピア（マーケティング近視眼）」に陥っていました．そして，経営プロセスの第一歩である事業領域の見直しを怠っていました．顧客ニーズ中心ではなく，既存の自社製品（この場合はサービス）を中心に自社の事業を定義付けていたのです．この場合の顧客ニーズとは何でしょう

か？　それは，「速く，正確に，安全に，そして快適に，離れた場所に移動する」ことです．間違っても，「鉄道」が顧客ニーズなのではありません．「鉄道」はあくまでも顧客ニーズに適応するためのマーケティング手段に過ぎません．ではこの場合，事業とは何でしょうか？　それは，「速く，正確に，安全に，そして快適に，離れた場所に移動する」ための「移動手段を提供すること」に他なりません．真の顧客ニーズにいち早く気づき，事業を客観的に把握した一部の企業は，鉄道事業を売却し，航空事業に乗り出しました．そして市場適応を果たしたのです．長距離移動という顧客ニーズを満たす手段としては，航空機の方が鉄道よりも優れていることに疑いの余地はありません（昨今はまた鉄道の復権が脚光を浴びていますが……）．

　同様のことが映画会社にもあてはまるとT.レビットは指摘しています．かつての巨大映画会社の幾つかは，やはり「マーケティング・マイオピア（マーケティング近視眼）」に陥り，自社の事業を見誤りました．本来，自社の事業をエンタテインメント事業と定義付けるべきところ，映画を製作する事業ときわめて狭く定義付けていたのです．一方で，一部の成功した企業は，マイオピア（近視眼）から逃れ，自由な発想に基づいた新たな戦略を考え出しました．自分たちの事業を広く「顧客を楽しませること」と規定し，テレビ，テーマーパーク等の新たなマーケティング手段による市場適応を成功させたのです．

(3) 市場変化とマイオピア

　「マーケティング・マイオピア（マーケティング近視眼）」における2つ目の視点とは，「市場変化の視点」であると筆者は考えます．すべての市場は，例外なく成長→成熟→衰退の過程を辿ります．こうした市場の変遷は，一般に「Product Life Cycle」（プロダクト・ライフ・サイクル，略してP.L.C.）として捉えられます．ここにおける"成熟"とはどのような状態を指すのでしょうか．それは，製品（あるいはサービス）が市場マジョリティ（最もボリュームのある顧客層）の顧客ニーズに適応できなくなってしまった状態を指します．こうした不

適応の原因としては，いうまでもなく，顧客ニーズの変化が挙げられます．繰り返しますが，こうした変化はいかなる市場にも起こりうるのです．現在，繁栄を謳歌していたとしても，ライフサイクルは必ず進行していくのですから．

さて，市場に変化が現れた場合，企業は市場適応のやり方を見直さなくてなりません．つまり，戦略の修正を行うのです．戦略の修正には一般に2つの方法があります．詳しくは本書の中ほど（第6講）で説明しますが，その方法とは，「戦略の修正」と「戦略の変更」です．1つ目の「戦略の修正」とは，市場適応のための手段を修正することです．すなわち，「製品：Product」「価格：Price」「流通：Place」「販売促進：Promotion」の各マーケティング手段を作り直すことです．2番目の「戦略の変更」については，ちょっと抽象的でわかりにくいかもしれません．いうなれば，標的市場に適応するための戦略思想を根本から変えてしまうことと理解してください．たとえば，"狙う標的市場の規模（ニッチ市場かマス市場か？）"，"期待する利益の大きさ"，"マーケティング手段にかける費用の大きさ"，"マーケティング手段の組合せ（Marketing Mix）を何パターン作るか"などです．この「戦略の変更」は常に全社的な経営資源配分と密接に関わっています．

T.レビットは，このような市場変化に対する"適応のやり直し"（「戦略の修正」と「戦略の変更」）を行う場合にも，十分に顧客ニーズを検討し，マーケティング・マイオピア（マーケティング近視眼）に陥らぬよう気を付けなければならないと戒めています．これについて，T.レビットは米国の石油産業を例に挙げて警鐘を鳴らしています．T.レビットの著作は1960年に書かれたいわば古典ですから，その点を若干割り引いて考えなければなりませんが，その警鐘は石油産業の現在の姿を多少なりとも予見しています．T.レビットは当時の米国の石油産業が，過去の長い繁栄の上に胡坐をかき，市場変化への備えを怠っていると指摘しました．石油産業は，マイオピア（近視眼）に陥り，自社の油田探査技術や精製技術にすっかり満足し，ガソリンという主要製品に固執してしまっているというのです．しかし，やがて市場が成熟期を迎えれば，様々

な代替燃料が出現します．消費者のニーズはコストが安く環境に優れた代替燃料に向かうかもしれません．天然ガス，ソーラー・エネルギー，バイオ燃料（彼の著作には天然ガス以外の記述はありませんが……）などです．T. レビットは，石油会社は来るべき成熟期に備えるために，自由な発想で戦略を修正すべきだといいました．自社の事業を"産業用の資源の提供"と広く定義し，代替燃料も視野に入れて，マーケティング手段の作り直しを行うべきだと指摘したのです．

(4) 市場競争とマイオピア

「マーケティング・マイオピア（マーケティング近視眼）」における最後の視点は，「市場競争の視点」です．先述の通り，成熟市場で不適応が起こる原因としては，まず顧客ニーズの変化が挙げられます．しかし，顧客ニーズの変化は，唐突に起こるわけではありません．プロダクト・ライフ・サイクル上の成長期において，不適応の兆しは現れます．そのきっかけとなるのが，「競合製品の出現」や「新規市場（新規需要）の創造」です．とくに警戒すべきは，「新規市場（新規需要）の創造」です．もう少し説明しましょう．通常，「競合製品の出現」の場合，競合製品は同一標的を狙うものとして出現します．つまり，競合製品と自社製品は同一の標的市場内で顧客獲得競争を行うのです．これに対し，「新規市場（新規需要）の創造」は少し違います．新市場（新規需要）を創造する場合，企業は既存企業とまったく同一の標的市場を狙うわけではありません．付加価値を備えた新製品を，新たな標的市場に提供しようとするのです．前者の「競合製品の出現」は，時として市場全体のパイの増大に貢献してくれます．1990年代のゲーム市場を考えてください．大手ゲーム会社のゲーム機のスペック公開により，ゲームソフト制作会社は増加の一途をたどり，激しい競争が発生しました．その結果，見事に市場規模は急拡大しました．しかしながら，後者の「新規市場（新規需要）の創造」の場合はそうはいきません．多くの場合，既存市場は新たに出現した新市場（新規需要）にどんどん浸食さ

れていくものなのです．

　さて，こうした場合（後者の新規市場が出現するケースにおいては），いかに素早く新規需要を創造し，新たな市場を構築するかが，勝負の分かれ目になります．つまり，顧客ニーズを先取りし，自由な発想で新たな市場適応の仮説を作り出せるか否かがポイントとなるのです．しかし，マイオピア（近視眼）に陥っている企業にはそれができません．従来の標的市場と既存の製品に囚われてしまい，新規需要の創造まで想いが至らないのです．再度，ゲーム市場を例に挙げましょう．従来のゲーム市場，とくにパッケージ型のゲームソフト市場が成熟期を迎えつつあることに気がついた任天堂は，それまでにない自由な発想で，新規需要と新規市場を作り出しました．そして，従来の製品発想からかけ離れた「Wii」（ウィー）というゲーム機を開発したのです．「Wii」（ウィー）は見事に市場適応を果たしました．既存のパッケージ型ゲームソフト市場が成熟期を迎える中，「Wii」は売れ続けています．もし，任天堂がマイオピア（近視眼）に陥っていたら，「Wii」（ウィー）も新しいゲーム市場も生まれなかったでしょう．

　このように見てくると，適応仮説の自由な創造を阻む「マーケティング・マイオピア（マーケティング近視眼）」は，顧客ニーズ志向に著しく反したものであり，なおかつそれは企業の市場適応プロセスの様々な局面において起こりうるということがわかります．とくに，市場適応上，非常に重要なプロセスである「事業領域策定」や「市場変化」や「市場競争」において，マイオピア（近視眼）はしばしばマーケティング担当者の自由な発想を奪います．今一度，T.レビットの警鐘に耳を傾けるべきです．「マーケティング・マイオピア（マーケティング近視眼）」こそが，戦略的マーケティングの"敵"と心得るべきなのです．

注)
1) 戦略的マーケティングの本質を言い現わすために，米国においては，しばしばこの寓話が用いられて来た．この寓話は，アメリカの思想家・作家・詩人ラルフ・ワルド・エマーソン（Ralph Waldo Emerson）の言葉に対する反語である．エマーソンの言葉とは，「Build a better mousetrap and the world will beat a path to your door.」（より良いねずみ取りを作れば，お客が玄関に殺到する）というものである．
2) ジェローム・マッカーシー（Jerome McCarthy）の提唱した４Ｐミックスの内容については，第４講(2)において詳述する．マッカーシーが４Ｐ概念を提唱したのは1961年である．その後，幾つかのマーケティング・ミックスの考え方が提唱されたが，戦略上の汎用性において４Ｐ概念に勝るものではないと筆者は考える．
3) セオドア・レビット（Theodore Levitt）に関する記述は，論文「マーケティング近視眼（Marketing Myopia）」『DIAMONDハーバードビジネスレビュー』（2011年11月号）に基づく．
4) セオドア・レビット（Theodore Levitt）「前掲論文」『DIAMONDハーバードビジネスレビュー』（2011年11月号）．

第2講
戦略的マーケティングの考察枠組み

1．マーケティング手段の「標準化」と「個別適応化」

(1)　「標準化」と「個別適応化」の違い

　第1講で述べたように，戦略的マーケティングとは市場適応行動の成功パターンのことです．そして，市場適応は，4つのマーケティング手段（「製品：Product」「価格：Price」「流通：Place」「販売促進：Promotion」）の組合せ（マーケティング・ミックス：Marketing Mix）を標的市場に適応させることにより実行されます．以上を踏まえた上で，本講では，市場適応の成功に不可欠な考察枠組みについて考えたいと思います．考察枠組みとは，「標準化・個別適応化」「評価」「失敗」の3つです．

〈戦略的マーケティングの考察枠組み〉
　①　「標準化」と「適応化」
　②　戦略的マーケティングの「評価」
　③　戦略的マーケティングの「失敗」

　まず，「標準化・個別適応化」[1]について考えます．一般に「標準化」のことを Standardization（スタンダーディゼーション），「個別適応化」のことを Adaptation（アダプテーション）といいますが，長くなるのでここでは日本語で表記します．「標準化」とは，単一のマーケティング・ミックスを用いて複数の標的市場にアプローチしようとする考え方です．先に説明したように，企業経営において最もコストがかかるのが，上記4つのマーケティング手段です．

手段の組合せパターン（マーケティング・ミックス）を数多く作らず，単一の組合せパターンで複数の標的市場にアプローチすれば，手段にかかる費用をセーブすることができます．しかし，単一の組合せパターンで複数の標的市場にアプローチしようとするわけですから，当然，適応できない標的市場も出てきます．手段の効率化による競争優位性を確保できる半面，市場不適応のリスクも存在しているのです．

これに対し，「個別適応化」とは，標的市場の数だけ組合せパターン（マーケティング・ミックス）を準備し，それら複数の標的市場に個別の組合せパターンを一つひとつ適応させていこうとする考え方です．複数ある標的市場に，いわばオーダーメイドのマーケティング・ミックスを一つひとつ適応させていくわけですから，不適応のリスクは激減します．しかし，標的の数だけ手段の組合せパターンを作らねばならず，マーケティング費用は膨大になってしまいます．不適応のリスクは大幅に減るが，競争上の優位性が失われるわけです．

こうした「標準化 vs. 個別適応化」（コスト優位性を取るか，不適応リスクの低減を取るか）の問題は，これまで戦略的マーケティングの中心テーマではありませんでした．しかし，筆者は，この問題は戦略的マーケティングの「考察枠組み」を考える上で避けて通ることのできない重要なテーマであると考えています．次項以下では，身近なケースを取り上げながら，「標準化 vs. 個別適応化」について，さらに考えたいと思います．

(2) 標準化〜スターバックス〜

戦略的マーケティングにおける「標準化 vs. 個別適応化」（コスト優位性を取るか，不適応リスクの低減を取るか）の問題の具体的事例として筆者がしばしば取り上げるのが，カフェ・チェーン・ブランドの「スターバックス」です．「スターバックス」の戦略は，筆者の考える「標準化」の考え方をベースにしています．「スターバックス」は自社の標的市場を"流行に敏感で""情報リテラシー能力が比較的高く""自分のライフスタイルにこだわりをもっている"

"都市住民"に限定しています。ここではそれらの標的を仮に「情報感度の高い都市生活者」と名付けましょう。世界各国のカフェ市場にこうした層が一定ボリューム以上存在していることを確認した上で,「スターバックス」は各国の主要大都市にチェーン展開を行いました。世界各国に分散する標的市場に対して,ほぼ単一の手段の組合せパターン(マーケティング・ミックス)でアプローチしているのです。香港の店舗を訪ねても,東京の店舗においても,私たちはほとんど同一の「製品:Product」「価格:Price」「流通:Place」「販売促進:Promotion」を目撃します。「スターバックス」の提供するコーヒー豆の種類,コーヒーの味,メニュー構成,店員やバリスタ(「スターバックス」の用語でコーヒーを焙煎し淹れるスタッフのこと)のサービス内容,店舗デザインは,世界中どこの店舗に行っても基本的には同じなのです。顧客は,東京でも,香港においても,同じ"キャラメル・マキアート"の"トール"サイズを味わうことができるのです。こうしたマーケティング手段の内容は,すべて米国・シアトルのスターバックス本社で一括管理されています。

このように,「スターバックス」は,限定的な手段の組合せパターンで世界各国の標的市場にアプローチしていますから,かなり効率的に市場適応を行っているといえます。「スターバックス」は非常にコスト優位性の高いマーケティングを実践している企業なのです。しかし,繰り返しになりますが,単一もしくは極端に少ない組合せパターンで世界に広がる複数の標的市場にアプローチしようとしているわけですから,各国において,当然のように,市場不適応が発生します。"価格""コーヒーの味""サイドメニューの内容""店舗の雰囲気"が自分の嗜好に合わないので,「スターバックスには行きません」という消費者が世界中に存在することもまた事実なのです。筆者の友人にも,足繁く,ほとんど毎日「スターバックス」に通う人間と,ほとんど見向きもしない人間とがいます。行かない友人にいわせると,たとえ店舗の雰囲気やデザインがどうであれ,紙コップに入れたセルフサービスのコーヒーに300円以上も払うのはバカバカしいということになるようです。

図2—1　戦略的マーケティングにおける「標準化」

- 本来，グローバル・マーケティング上の概念
- 限られた経営資源で複数の標的市場にどう対応するか

標準化？（Standardization）コスト上の優位性か？
適応化？（Adaptation）個別の市場適応か？

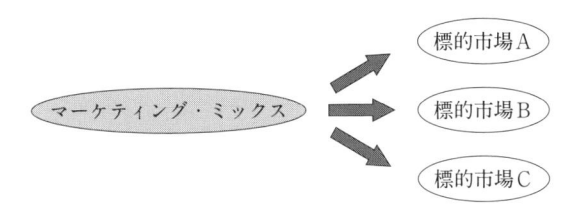

マーケティング・ミックス → 標的市場A
　　　　　　　　　　　　→ 標的市場B
　　　　　　　　　　　　→ 標的市場C

　しかし，「スターバックス」は不適応がいかに多く発生してもお構いなしです．自分たちが提供するマーケティング・ミックスを好まない消費者がいることは重々承知です．"あらゆる消費者から愛されたい"とは思っていないわけです．全世界に存在するコアな顧客に愛してもらえればそれで良いわけです．それら双方のタイプの顧客が存在することを前提に，「スターバックス」は戦略的マーケティングの基本枠組みを構築しています．「スターバックス」は基本枠組みとして，「標準化」を採用しました．つまり，不適応リスクの低減を図るよりも，マーケティング費用をセーブし，コスト優位性を確保する道を選んだのです（図2—1参照）．

(3) 個別適応化〜日本マクドナルド〜

　「スターバックス」はスマートな企業です．「情報感度の高い都市生活者」をターゲットとして，限定的なマーケティング手段の組合せを用いて，適応化を成功させました．

　では次に，「標準化 vs. 個別適応化」の「個別適応化」について説明しましょう．筆者が考える「個別適応化」の典型的な事例が，"1990年代後半から2000年代初め"にかけての「日本マクドナルド」（日本マクドナルドホールディングス）です．ここで，"1990年代後半から2000年代初め"と期間を限定した

のにはわけがあります．この時期に，実は「日本マクドナルド」は行き過ぎた「個別適応化」を行い，それが為に赤字に転落（2期連続大幅赤字）してしまったのです．何度も繰り返しますが，マーケティングの最終目的は利益の継続的獲得ですから，この時期，「日本マクドナルド」はマーケティングに失敗していたわけです．この失敗については，戦略的マーケティングの基本枠組みの一つとして，本章の最後で改めて紹介します．

さて，かつての「日本マクドナルド」は，「個別適応化」を採用していました．数多くの標的市場を作り，作った標的市場の数だけマーケティング手段の組合せパターン（マーケティング・ミックス）を準備し，適応化を図りました．実際，1990年代末，「日本マクドナルド」のハンバーガーは実に数多くの商品ラインを誇っていました．そして，それら個々の商品について，コストを考えない，過剰な適応化を実行したのです．定価60～80円と大きく値下げされた"ハンバーガー"もその一つです．さらにこの時期，「日本マクドナルド」は日本市場向けに，様々な商品開発を行っていました．つまり，グローバルな視野においても，各国市場の中においても，細分化されたセグメント（分割された市場）を設定し，それぞれにパーフェクトに適応しようと懸命に"努力"していたのです．後述しますが，こうした「日本マクドナルド」の「個別適応化」は必ずしも成功しませんでした．

筆者は，「スターバックス」が採用した「標準化」の方が，「日本マクドナルド」の「個別適応化」よりも優れているといいたいわけではありません．「標準化」「個別適応化」それぞれに，戦略上の優位性があり，同時に欠陥もあるのです．ただ，「日本マクドナルド」の採用した戦略が，「スターバックス」のそれとは対照的なのは明らかです．「スターバックス」とは異なり，「日本マクドナルド」は"常にあらゆる消費者から愛されたい"と願っています．「情報感度の高い都市生活者」だけを相手にしているわけではないのです．こうした，「日本マクドナルド」の市場適応は，1990年代後半から2000年代初めにおいてのみ，行われたわけではありません．現在においてもなお，「日本マク

ドナルド」は，市場適応の基本枠組みとして，「個別標準化」を採用しています．ありとあらゆるタイプの顧客層がマクドナルドに来店します．食事をする家族連れ，昼食をとる会社員，コーヒーを飲みに来るお年寄り，勉強する受験生．今でもなお「日本マクドナルド」は，"お客さんを一人も逃がしたくない"ようにみえます．ただ，現在の「日本マクドナルド」は，かつて彼らが実行していた「個別適応化」にかなりの"修正"を加えました．時間帯と顧客層に合わせて，メニューはかなりパッケージ化され，効率的な市場適応を図っていることがうかがえます．

(4) 「標準化」に関するマイケル・ポーター (Michael E. Porter) の見解

　筆者がみるところ，「スターバックス」と「日本マクドナルド」両者の市場適応についての考え方の違いは，複雑なものではありません．各市場に共通の標的を見出し，それら共通の標的を狙おうとするのが「標準化」，市場それぞれに異なる標的を見出し，一つひとつの標的に合わせていこうとするのが「個別適応化」です．単純化すれば，"コンパクトな手段でコンパクトな標的に対応するか""多様な手段で多様な標的に対応するか"という違いです．繰返し俗っぽい言い方をすると，"特定の人に愛されたいか""皆に愛されたいか"という二者択一ということになるでしょう．愛される側にとって，どちらがより幸せなのでしょうか？　いや，企業にとって，どちらの方がより多くの利益が望めるのでしょうか？

　これまで，多くの海外のマーケティング研究者が，この二者択一について検討してきました．とくに，国際マーケティングの分野において，活発な議論が交わされてきました．多様性に富んだ，変化の激しい国際市場において企業が適応を図る場合，いかにマーケティング手段にかかるコストをセーブし，利益を最大化するかが勝敗の分かれ目となります．だからといって，選んだ標的以外の部分（いわば市場の残りの部分）をすべて諦めてしまうと，競合製品・競合企業の参入を許す結果になりかねません．しかしながら，筆者は，この「標準

化 vs. 個別適応化」という二者択一は，現在では，ほとんど不毛な議論であると思っています．結論にたどり着きようのない"神学論争"といってもよいでしょう．議論の前提となるべき環境条件がすべて捨象されて（捨て去られて）いるからです．これについて，現在なお経営戦略研究のリーダーとして活躍中のマイケル・ポーター（Michael E. Porter）は，興味深い見解を示しています[2]．マイケル・ポーターの理論については，本書の第6講で詳述しますので，ここではそのエッセンスだけを述べるに止めておきましょう．

マイケル・ポーターは，「標準化」について検討する際の前提条件として，標的市場に関する一つのメルクマール（分割の基準）を提案しています．その基準とは，狙う標的市場（標的となる顧客層）が"新しい情報に対して旺盛な好奇心を抱いているか否か"ということです．そして，マイケル・ポーターは，「新しい情報に対して旺盛な好奇心を抱いている」顧客層に対しては，「標準化」に基づく戦略こそが有効であると断言しています．筆者は，マイケル・ポーターのいう「情報への好奇心」に，「情報獲得への願望」と「情報リテラシー能力」を加えたいと思います．たとえば，新商品情報に対する好奇心が旺盛で，そういう情報を収集することに熱心で，パソコンや情報端末を見事に使いこなしている顧客層を想像してください．一言で言うなら，"情報感度が高い"顧客層です．このような"情報感度が高い"顧客が各市場に確実に存在することがわかっているなら，企業はためらわず「標準化」を実行すべきなのです．

マイケル・ポーターの指摘の正しさは，「スターバックス」と「日本マクドナルド」の顧客層の違いをみれば一目瞭然です．「スターバックス」のコア顧客は，間違いなく"情報感度が高い"都市居住者に限定されています．「日本マクドナルド」が顧客の情報感度にかかわらず，不特定多数の消費者にすべて適応しようとしているのとは対照的なのです．

2．戦略的マーケティングの「評価」

(1) 目的と評価

　戦略的マーケティングの考察枠組みの2つ目は，戦略の「評価」です．戦略の「評価」にとって最も重要なことは，戦略「目的」を達成し得たか否かです．そういう意味で，「目的」のない戦略はあり得ませんし，「評価」のない戦略もまたあり得ません．「目的」を達成していないのであれば，その戦略は「評価」に値しないということになるでしょう．もちろん，こうした場合はすぐに戦略を修正もしくは変更しなければなりません．次に，「目的」を達成し得たのであれば，「どの程度目的を達成し得たか」が測られます．厳密にいえば，これが戦略の"数値的"「評価」ということになります．サッカーの試合でいえば，もちろん「目的」は勝つことです．そして，「何点差で勝ったか」が数値的「評価」の対象となります．いわば「目的達成のレベル（程度）」です．「目的達成のレベル（程度）」が満足いくものではない場合，やはり戦略は修正もしくは変更されねばなりません．サッカーの試合において，"0対0のままタイムアップし，PK戦でどうにか勝利した"という場合を考えてください．当然，チームの得点力不足が問題視されるでしょう．試合に勝つという目的は達成しましたが，目的達成の数値的レベルは低いといわざるを得ません．こうした場合も，戦略は修正もしくは変更されるのです．

　戦略の「評価」とは，戦略に与えられる"努力賞"のことではありません．必ず「評価」は数値化されなければならないのです．数値的レベルで表わされなければならないのです．「評価」を数値化することにより，様々な比較が可能になります．一定期間内における評価数値の継続的変化，期間内における変化（たとえば前年同期との比較），競合他社との比較等などです．数値化された「評価」を比較することにより，戦略そのものの比較が可能になります．もちろんその場合，戦略策定および戦略実行の前提となる環境条件をあらかじめ規定しておかなければなりませんが．戦略は他と比較されることで，その都度修

正されていきます．どんどん洗練されていくのです．このように考えると，「目的」も「評価」（数値的評価）もない戦略，すなわち他と比較しようのない戦略は，"その場限りの""発展性のない"企業行動といわざるを得ません．

しかしながら，実際に企業経営の現場を観察すると，「目的」と「数値的評価」が双方とも不在の戦略が多いことに驚かされます．あるいは，戦略の「目的」はあっても「数値的評価」がない．その逆で，「数値的評価」は存在しても，戦略の「目的」が不明確というケースにもしばしば出くわします．こうした問題の根本原因は多くの場合，経営管理者（もしくは経営者）にあるようです．「目的」と「数値的評価」の不在に気付かないまま，あるいはそれらが曖昧のまま，経営管理者が何からの戦略を指揮，実行させているケースです．これについては，次項で詳しく説明しますが，こういった場合に実行されているのは「戦略」ではありません．何度も繰り返しますが，本当の意味での戦略とは「目的」と「数値的評価」を伴った企業行動のことです．そして，戦略の最終的な責任は，経営管理者が負わなければならないのです．

(2) 戦略的マーケティングの目的と評価

戦略には「目的」と「数値的評価」が不可欠であることはわかりました．では，私たちは戦略的マーケティングにおける「目的」と「数値的評価」をどのように捉えるべきでしょうか．本書の冒頭に示した戦略的マーケティングの定義を再度確認してみましょう．

「マーケティングとは，組織（企業）が目的達成（利益獲得）するための環境（市場）適応行動のことであり，環境（市場）適応に成功するためには，成功パターンとしての戦略を学ばなければならない．」

この定義通りに考えれば，戦略的マーケティングを行う目的は利益の獲得に他なりません．「目的」＝利益の獲得，「数値的評価」＝獲得した利益の額ということになります．

しかし，前項末尾で指摘したように，実際の企業行動を観察していると，戦

略的マーケティングの"戦略性"を担保しているはずの「目的」と「数値的評価」がほとんど見失われているというケースがしばしば見うけられます．何度もいうように，マーケティング手段はプロフィット・センターであると同時にコスト・センターですから，ここがしっかりしていなければ，企業経営そのものが窮地に追い込まれかねません．そして筆者のみるところ，「目的」と「数値的評価」が見失われている主な原因としては，企業（あるいは経営管理者）が「戦略的マーケティングにおける利益」の本質について理解していない，もっと正確にいえば，理解しようとしないということが挙げられます．

　一例を挙げましょう．至極当然のことながら，「戦略的マーケティングにおける利益」は常に"全社レベル"で把握されなければなりません．一営業部あるいは一販売部の目標利益達成が問われるわけではありません．あるいは，製品開発，調達，生産，広告宣伝，流通開拓といった特定業務ごとの貢献度を競い合うわけでもありません．一般にマーケティングといった場合，真っ先に連想されるのは広告宣伝です．企業の広告部や宣伝部は，様々な数的な基準を用いて自分たちの行動を評価します．広告認知度，広告好意度，広告理解度，商品魅力度，購入意向度などです．これらは，広告の評価基準としては一応客観性があり，妥当であり，必要性の高いものとされています．しかしながら，戦略的マーケティングを考えた場合，これらの評価基準はあくまで"下位概念"に過ぎません．戦略的マーケティングにとって重要なのは，"上位概念"としての評価基準，つまり最終損益です．戦略的マーケティングはあくまで全社的な行動です．企業は自社の行動と最終利益との因果関係を検討すべきなのです．戦略の最終責任はより高い位置にいる経営管理者が負うべきとした理由がここにもあるのです．ところが，一部の企業には未だに偏狭な"セクショナリズム"がそこかしこに残存しています．本来，戦略的マーケティング自体は全社的行動であるにもかかわらず，その利益については，各部署が自分たちの功績のみを主張したり，あるいは逆に腫れものに触るように誰も検討すらしようとしないといったケースです．これでは，戦略的マーケティングを正確に評価

しようにも評価のしようがありません．

　それでは，次に，戦略的マーケティングの評価をどのように行うべきか，その際の評価基準（評価軸）をどのように設定すべきかについてみていきたいと思います．

(3) マーケティング ROI

　一定基準にもとづき戦略的マーケティングの評価を行う場合，最も簡便かつ有効な手法は，「マーケティング ROI（アール・オー・アイ）」を計測することです．筆者は，大学学部のマーケティングの講義の冒頭において，必ずこの「マーケティング ROI」について説明します．わが国の企業においては，マーケティングに興味を抱き，自ら勉強した人を除いては，「マーケティング ROI」という言葉すら知らないというのが実情です．戦略は全組織的な概念ですから，本当は，最高経営責任者から新入社員まで，すべての社員がこの言葉を理解していなければならないはずです．筆者は，わが国のマーケティング教育が，未だにミクロな手段（製品開発・価格設定・流通開拓・広告制作の各手法）偏重で，戦略重視ではないことが，その最大の原因ではないかと思っています．ですから，学習のできるだけ早い段階で，「マーケティング ROI」について理解することが必要と考えているのです．

　さて，ROI とは，「Return on Investment」の略です．直訳すると「投資に対する見返り」という意味になります．マーケティング手段（活動）は，企業経営にとって，最大の"コスト要因"であり，同時に最大の"利益源"であるといいました．つまり，マーケティング活動とは，企業の投資活動そのものなのです．マーケティングという投資活動から，いかほどの利益が得られるか，その投資効率性のことを ROI というのです．計算式はきわめて簡単です．次の式をご覧ください．

［マーケティング ROI を求める式］
A = マーケティング活動の結果，増加した利益
B = マーケティング活動の結果，増加した費用
X = ROI（％）

$$X(\%) = \frac{A-B}{B} \times 100$$

　この式は，「マーケティング活動の結果得られた利益の純増分」と，「マーケティング活動に費やした費用の純増分」の比率を表しています．俗な言い方をすれば，"稼いだ金"と"かかった金"の比率ということになります．一般的には，"稼いだ金"と"かかった金"の比率のことを「利益率」といいますから，この式は「マーケティング活動における利益率」を表しています．言い換えれば，マーケティング活動の「効率性」を表す式といってもよいかもしれません．そして，通常のマーケティング活動において，この ROI の値は，0.2 以上（つまり 20％以上）なければならないとされています．実際，筆者は，戦略的マーケティングにおける理想的な ROI の値は 25％以上であると考えています．ROIが 0.25（25％）以下の場合は，その戦略的マーケティングは失敗と判断されます．その場合は，戦略を速やかに修正もしくは変更しなければなりません．

(4) マーケティング ROI とマーケティング計画

　筆者は，全社的な企業行動である戦略的マーケティングの評価方法は，ROIを求める式一本で十分であると思っています．そして，戦略的マーケティングの成否を測る基準は，「ROI ＞ 25％」が妥当であると考えています．何よりもまず，この値を測定することで，戦略的マーケティングの成否が確認できるからです．もちろん，個々のマーケティング手段（「製品：Product」「価格：Price」「流通：Place」「販売促進：Promotion」）がどのくらい ROI に影響を及ぼしているかについては，一定条件下での各手段の効果を変数化し，ROI との因果関係

を検討しなければなりません．たとえば，製品（Product）であれば，ブランド認知率やブランド浸透率の変化とROIの関係，販売促進（Promotion）であれば，広告認知率や広告好意度とROIの関係を明らかにします．しかしながら，もしあなたが経営責任者であれば，そこまで考える必要はありません．マーケティング手段の組合わせの妥当性は，現場に任せておけば良いでしょう．それよりも，まず経営責任者が為すべきことは，ROIを計算して，自社のマーケティング投資が効率的に利益を生み出しているか否かをチェックすることです．これを行うだけで，企業の"投資活動"であるマーケティングの戦略性は，飛躍的に高まるのです．

　さて，上述の通り，マーケティングは企業の"投資活動"ですから，当然，一定の期間内で実行されます．際限なく当てのない投資行為を続けて良いはずはありません．当然，その評価も一定の期間内で計測されます．この期間が「マーケティング計画（マーケティング・プラン）」で定めた「マーケティング期間」ということになります．こう考えると，前項で示した式の最終バージョンは次のようになるでしょう．

［マーケティングROIの妥当性を評価する式］
A＝マーケティング計画に沿った活動の結果，<u>計画期間内に</u>，増加した利益
B＝マーケティング計画に沿った活動を実行するために，<u>計画期間内に</u>，費やした費用
X＝ROI（％）

$$25(\%) < X(\%) = \frac{A - B}{B} \times 100$$

　この式は，戦略的マーケティングの評価を全社的な視点から行うための式であるともいえますし，マーケティング計画の全体像を表した式ということもできるでしょう．そしてもちろん，戦略的マーケティングの目標を数式化したも

のということもできるのです．

　この式が常に経営管理者の念頭にあり，常に計画期間内におけるマーケティングの費用対効果が計測され，その都度戦略に修正・変更が加えられていることが重要なのです．しかし，失敗する企業のマーケティング計画には，上記の計算式さえ登場することはありません．それでは，次に，戦略的マーケティングの失敗についてみていきましょう．

3．戦略的マーケティングの「失敗」

(1) 戦略的マーケティングの失敗とは

　戦略的マーケティングの考察枠組みの3つ目は，戦略の「失敗」です．「失敗」が戦略的マーケティングの「考察枠組み」というのは，表現として少し変に思われるかもしれません．しかしながら，戦略的マーケティングに「失敗」は付きものです．失敗への対応を繰り返すことによって，戦略はどんどん洗練され，スマートになっていきます．失敗のパターンを知り，失敗への対応を検討することは，戦略的マーケティングにとって，「標準化」や「評価手法」と同じくらい重要なことなのです．

　通常，戦略的マーケティングの「失敗のタイプ」は，大きく「市場不適応」と「コスト割れ」に分けられます．「市場不適応」とは，文字通り市場に適応できず，売上が伸びない状態のことをいいます．売上が伸びないわけですから，戦略的マーケティングの最終目的たる利益獲得も当然失敗に終わります．「コスト割れ」とは，マーケティング手段にコスト（費用）を掛け過ぎて，利益が上がらなくなってしまった状態を指します．目的たる利益が確保できないわけですから，こちらもやはり失敗と見なされます．ただ，「コスト割れ」の場合には，費用はかかっていても売上は上がっているというケースが存在します．"お客さんは買ってくれますが，利益はまったく出ません．"というケースです．しかし，気を付けなければならないのは，利益獲得という目的が達成さ

れてはじめて市場適応が完成するということです．利益が確保できない以上，市場適応に成功しているとは言い難いのです．

次に，「失敗の原因」について考えましょう．「失敗の原因」として挙げられるのは，「内的環境の変化」「外的環境の変化」です．「内的環境の変化」とは，企業内部の経営資源（人・モノ・カネ）に変化が生じ，売上減少や費用増大を招くことです．原材料価格の高騰により，最終製品の価格を値上げせざるを得ない場合．人材の他社への流出により，販路の維持が困難になった場合などがこれにあたります．「外的環境の変化」とは，企業の外部環境変化のことを指します．正に市場環境変化がこれにあたります．この市場環境変化は，さらに，需要状況の変化（顧客の変化）と競争状況の変化（競争相手企業の変化）に分かれます．こうみてくると，様々な「失敗」の原因は，すべて「変化」という言葉でまとめることができるということがわかります．戦略的マーケティングの「失敗」の原因は「変化」であり，失敗への対応とは変化に対応することなのです．

さて，ここで「変化」の他に，もう一つ重要な概念についてみておきましょう．それは，市場の「成熟化」ということです．第1講において説明しましたが，プロダクト・ライフ・サイクル（成長→成熟→衰退）における成熟期とは，時間の経過とともに，製品が市場マジョリティ（最もボリュームのある顧客層）のニーズに適応できなくなる状態をいいます．俗な言葉でいえば，"顧客に厭きられた"状態です．成熟期はどんな製品や市場にも否応なく訪れます．時間的な「変化」はどんな企業にも起こりうるのです．このことからも，戦略的マーケティングには「失敗」が付きものであることがわかります．そして，戦略的マーケティングを志す企業は，常に「失敗」への対応を考えておかなければならないのです．

(2) 日本マクドナルドの失敗

さて，ここで戦略的マーケティングの典型的な失敗事例として，1990年代

後半から 2000 年代初めにかけての「日本マクドナルド」(日本マクドナルドホールディングス) の事例をみていきましょう．この時期の「日本マクドナルド」の失敗については，すでに第 2 講の「標準化 vs. 個別適応化」における「個別適応化」のところで説明しましたが，ここでは外的環境変化（市場環境の変化）を踏まえ，再度詳しくみていきたいと思います．事前にはっきりさせておきたいと思いますが，戦略的マーケティングにおける典型的な失敗例は，「行き過ぎた個別適応化」「過剰適応」の 2 つに集約されます．

　1990 年代後半から 2000 年代初めにかけての「日本マクドナルド」は「個別適応化」（Adaptation）を採用していました．非常に数多くの標的市場を作り，作った標的市場の数だけ異なるマーケティング手段の組合せを準備し，個別適応化を図っていました．各標的市場間の"差異"に目を向け，標的市場それぞれがもつ"差異"に徹底的に合わせていくという戦略を採っていたのです．このように贅沢な「個別適応化」は，「日本マクドナルド」が消費者の嗜好が多様化しつつあった日本市場でトップシェアを取り続けるためのいわば経営哲学でした．こうした戦略の背景には，1990 年代後半から急激に店舗を増やしてきたコンビニエンス・ストア（以下，コンビニと略します）の存在がありました．コンビニの集客の柱になっている商品は，今も昔も変わらず食料品です．徹底したマーチャンダイジング（品ぞろえ）により，売れ筋商品を効率的に販売していきます．サンドイッチ，おにぎり，菓子パン，弁当などの食料品はまたたく間にコンビニのコア商品に躍り出ました．さて，日本マクドナルドの創業社長である藤田田氏は，コンビニで販売されるそれら多種多様な食料品が日本マクドナルドの市場を侵食していると考えました．一種の"異業態間競争"が勃発していると見なしたのです．そこで，日本マクドナルドはできるだけ多くの商品ラインを準備し，コンビニの各食料品カテゴリーから顧客を奪い返そうという策に出ました．ハンバーガー，サイドメニュー，飲み物の種類をできるだけ増やし，多様な顧客に対してコンビニ以上のきめ細かな対応を行おうとしたのです．筆者の見るところ，以上が「日本マクドナルド」の「行き過ぎた個別

適応化」です．

　次に，「過剰適応」についてみていきましょう．ここで注目すべきは，価格に関する「過剰適応」です．この時期の「日本マクドナルド」は，コンビニの特定商品を狙って，きわめて単純な価格競争に打って出ました．標的となった競合商品は"おにぎり"や"サンドイッチ"です．とくに，"おにぎり"の110～130円という価格は，「日本マクドナルド」にとって重大な脅威と見なされました．1995年まで，「日本マクドナルド」の基本商品である「ハンバーガー」の価格は130円でした．何とかコンビニに奪われた顧客を取り戻さない限り，個別適応化は完成しません．そこで，「日本マクドナルド」はテスト・マーケティングとして，1996年に「ハンバーガー」80円という超低価格販売を限定的に実施しました．ここから「日本マクドナルド」の「過剰適応」が始まったのです．このような価格に関する「過剰適応」が何をもたらしたのか，次項においてさらに詳しく説明します．

(3) 日本マクドナルドの「過剰適応」

　1990年代後半から2000年代初めにかけての日本マクドナルドの「過剰適応」ぶりは本当に凄まじいものでした．1995年に130円だったハンバーガーの基本価格は，翌1996年には80円（限定3回）に値下げされます．翌1997年には99円（限定3回），1998年には65円（限定3回）．これが2000年には遂に平日65円に固定化されます．しかし2001年度の大幅減益を受けて，2002年2月にはいったん平日80円に引き上げられます．そして，この年の8月に再度値下げして平日59円．基本商品の価格が，わずか7年の間に7回変わっているのです．ほぼ毎年，価格変更が行われている計算です．

　これについては，第10講の戦略的マーケティングの各論（価格戦略）において詳しく説明しますが，「価格」は4つのマーケティング手段（「製品：Product」「価格：Price」「流通：Place」「販売促進：Promotion」）の中でもとくに取扱いが難しいリスキーな手段です．理由は2つあります．① 非常に取扱いやすいマー

ケティング手段にみえてしまうこと．「製品」や「販売促進」に比べると費用がかからないように見えてしまうのです．②顧客が抱く，製品やサービスのブランド・イメージに直結していること．これら2つの理由が，「価格」というマーケティング手段を難しいものにしています．商品開発や広告の制作には多大な費用を要します．しかし，一般的に「値下げ」というマーケティング手段は多大な費用を必要としないと思われています．コスト感覚をもち合わせている人なら直ぐに気が付きますが，これは大きな間違いです．"価格を下げる"ということは，"価格下落により減少した利益を穴埋めしなければならない"ということに他なりません．費用がいらないのではなく，むしろ費用がかかるマーケティング手段なのです．

　また，上記②で説明したように，「価格」は商品のブランド・イメージと強く結びついています．通常，顧客は，価格の変更が為された際には，価格変更の"理由"を探ろうとします．スーパーやディスカウント・ストア等の安売り業態は別として，たび重なる定価の変更や，唐突な大幅値下げは，顧客にある種の"疑念"を抱かせるのです．「この商品は信頼に足る商品だろうか？」という"疑念"です．そして，そのような"疑念"は，当然商品のブランド・イメージを損ねます．筆者は，マーケティングの講義の中で，価格について，"最後まで触りたくないマーケティング手段"という言葉で学生に説明しています．

　さて，競争環境への「過剰適応」の結果，「日本マクドナルド」は，基本商品の価格を頻繁に変更しました．ある年には，年に2度の価格変更を行ったのです．このジェット・コースターのような価格変更は，この会社の基本商品であるハンバーガーのブランド・イメージを大きく損ねました．さらに，この超安値戦略（本当は戦略とはいえませんが……）が売上と利益の足を引っ張り，「日本マクドナルド」は，2002年度決算において，23億円という赤字を出すに至るのです．当時，このニュースは経済新聞の一面を飾りました．しかし，戦略的マーケティング上の失敗は，これで終わりではなかったのです．

(4) 失敗対応における失敗（"再度の失敗"）

　商品カテゴリーの拡大と価格競争に対応するため，「日本マクドナルド」は「行き過ぎた個別適応化」と「過剰適応」に陥ってしまいました．その結果，マイナス23億円という赤字を出してしまいます．誰もがこの人気ハンバーガー・ブランドの右肩上がりの成長を信じていましたから，このニュースは当時大きな衝撃をもって迎えられました．しかし，筆者がみるところ，むしろ本当の問題はその後に起こったのです．

　「日本マクドナルド」がこの失敗に対して取った行動は，早急に赤字を黒字化することでした．きわめて単純な話ですが，赤字を黒字化するためには，費用を削るか売り上げを伸ばすかのいずれかを行わなければなりません．もちろん，二つを同時に実行できれば良いわけですが，「日本マクドナルド」は対応策として前者を選びました．費用の大幅削減による早急な黒字化です．第1講で述べたように，マーケティング手段（マーケティング・ミックス）は企業にとって最大のコスト源です．手っ取り早く費用を削減するためには，ここを削ってしまうのが最も効果的なのです．そこで，「日本マクドナルド」は「流通」（店舗）の削減を行いました．既存店舗の大幅な削減により，赤字を黒字化しようと考えたのです．2001年までの年平均の閉店店舗数は，40〜60店舗でした．それが，2002年には115店舗，2003年には182店舗という極端な店舗リストラを行ったのです．大胆な店舗削減策の結果，費用は大幅にカットされ，利益は見事に回復したでしょうか？　答えはまったく逆でした．赤字は減少ど

表2—1　日本マクドナルド　利益および店舗数の推移

（億円）

	営業利益	経常利益	当期純利益	総店舗数	店舗数増減
2000	294	293	168	3,598	340
2001	193	189	102	3,822	224
2002	39	21	-23	3,891	69
2003	28	19	-71	3,733	-118

出所）「会社四季報」および有価証券報告書をもとに作成

ころかマイナス71億にまで達してしまいました．唐突な大幅値下げ，ころころと変わる定価，次々と閉鎖される店舗．顧客は遂にこのハンバーガー・ブランドを見放してしまったかにみえました（表2−1参照）．

「日本マクドナルド」は，失敗への対応において再度失敗を犯しました．戦略的マーケティングにおいて最も危険なことは，「失敗すること」ではなく，この時期の「日本マクドナルド」のように，「失敗への対応において再度失敗すること」なのです．これを筆者は"再度の失敗"と呼んでいます．戦略的マーケティングにおいて"再度の失敗"が起こる理由ははっきりしています．理由の一つは「手段への固執」です．戦略全体を再構築せずに，あくまでも既存のマーケティング手段の改変や修正にこだわるからです．その結果，さらなる費用の増大を招いてしまいます．前述した「マーケティング・マイオピア（近視眼）」を思い出してください．もう一つ，"再度の失敗"が起きる理由は，「原因と結果を取違えること」です．赤字という状態は，戦略的マーケティングの立場からみれば，あくまで失敗の「結果」であって，失敗の「原因」ではありません．したがって，赤字をいくら解消したところで，失敗の「原因」は修正されません．必要とされているのは，今の「結果」を招いた「原因」つまり戦略そのものの修正なのです．しかし（対ステークホルダーということを考えれば当然かもしれませんが……），企業経営者の目は常に「結果」（赤字）にのみ注がれがちです．繰り返しますが，戦略的マーケティングには失敗が付きものです．これにどう対応するかによって，マーケティングが真に"戦略的か否か？"が問われるのです．

注）
1)「標準化・個別適応化」には，マーケティング・ミックス（全マーケティング手段）レベルと製品（手段）レベルに分けて考えることが出来る．ここでは，マーケティング手段全体について論じている．製品戦略としての「標準化・個別適応化」については第6講において詳述する．
2) 熊田喜三男編著『国際マーケティング戦略』学文社，2000年，pp.119-122.

第3講
戦略的マーケティングのプロセスと組織

1．戦略プロセス

(1) 戦略プロセスにおけるレベル

　ここで，本書冒頭の戦略的マーケティングの定義について今一度みておきましょう．戦略的マーケティングとは，「組織（企業）が目的達成（利益獲得）するための環境（市場）適応行動の成功パターン」のことです．また，T.レビットは，マーケティングを単に手段を用いた適応行動としてではなく，これを全組織的な経営行動として捉えました．そして，手段への固執を"マーケティング・マイオピア（マーケティング近視眼）"として戒めました．戦略的マーケティングとは，正に全組織的な企業行動あるいは全社的な企業行動といえるのです．では，"全社的"とはいったいどのような意味でしょうか？　筆者は次の2つの意味において，戦略的マーケティングを"全社的"企業行動であると考えます．一つは戦略の「プロセス」において，もう一つは戦略の「組織」においてです．まずは，全社的な戦略プロセス（戦略的マーケティングのプロセス）から説明しましょう．

　はじめに，理解しておかねばならないことは，戦略的マーケティングのプロセス（以下，戦略プロセスと略します）は，複数のレベルから成っているということです．正確には，上位に位置する「企業戦略（企業レベル）」，次に「事業戦略（事業レベル）」，それらの下位に位置する「マーケティング戦略（マーケティングレベル）」です．戦略プロセスのレベルは，「企業」→「事業」→「マーケティング」の順になっているのです．誤解を招かないよう付記しますが，戦略的マーケティング以前の"戦略的でない"マーケティング，すなわち"手段

図3—1　戦略プロセス

```
・事業領域の策定
・成長戦略              事業戦略
・ポートフォリオ戦略    (中心：競争対抗)
・競争対抗戦略
            ↓
・市場細分化            マーケティング戦略
・マーケティングミックスの策定  (中心：マネジリアル)
```

の活用"のみに重きを置いた販売志向のマーケティングにおいては，「企業戦略（企業レベル）」と「事業戦略（事業レベル）」は存在しませんでした．仮に存在していたとしても，あまり重要視されていませんでした．戦略的マーケティングの考え方が現れるにおよんで，はじめてマーケティング手段の上位概念として，「企業戦略（企業レベル）」と「事業戦略（事業レベル）」が注目されるようになりました．

戦略プロセスにおける「企業戦略（企業レベル）」とは，広い視野で，企業全体の行動の方向性を定めることです．「事業戦略（事業レベル）」とは，企業活動を事業単位に分割し，事業ごとに戦略の方向性を定めることです．当然，「事業戦略（事業レベル）」で定められた戦略の方向性は，上位概念である「企業戦略（企業レベル）」に沿ったものでなくてはなりません．企業全体の方向性および事業の方向性が決まったところで，それらを踏まえ，標的の策定とマーケティング手段（手段の組合せ）の作成を行います．これが，「マーケティング戦略（マーケティングレベル）」です（図3—1参照）．

余談になりますが，こうみてくると，戦略プロセス上の下位概念である「マーケティング戦略」と本書の主題である「戦略的マーケティング」とは，似て非なるものだということがおわかりいただけるかと思います．今日，マーケティングの講座名を「マーケティング戦略」としている大学や大学院が数多くみうけられます．戦略的な企業行動を論じるのであれば，これはやはり「戦略的

マーケティング」とすべきでしょう．

(2) 企業戦略（企業レベル）

　それでは，戦略プロセスの各レベルについて，上位概念から順にみていきましょう．戦略プロセスが「企業戦略（企業レベル）」「事業戦略（事業レベル）」「マーケティング戦略（マーケティングレベル）」から成ることはすでに述べました．このうち，戦略プロセスの始まりに位置するのが，「企業戦略（企業レベル）」です．「企業戦略（企業レベル）」の主な内容は，大きく「企業理念の構築」と「目的の確認」の2つです．戦略的マーケティングにおける目的については第2講(2)で述べましたので，ここでは主として「企業理念の構築」についてみていきたいと思います．

　"理念"という言葉はきわめて観念的な言葉です．ましてや，"企業理念"という言葉には精神論的な響きがあり，ともすると社員の規律を正すための行動規範のようなものと受け止められてしまいがちです．額に入って会社の壁に掲げられている社是のようなものと混同されてしまうのです．そこで，筆者はこれを"ポリシー（Policy）"という言葉に置き換えたいと思います．繰返しますが，戦略的マーケティングは全組織的行動です．この全組織的行動の指針となるのが，"ポリシー（Policy）"なのです．全組織的行動の指針となる以上，それには全社員が共有可能な「普遍的な価値」が含まれていなければなりません．

　ゲームソフト大手として，1970年代から1990年代にかけて急成長を遂げた株式会社ナムコ[2]（現在はバンダイと合併して株式会社バンダイナムコホールディングス）は，"遊びをクリエイトする"という言葉を理念に掲げていました．これは，創業社長の中村雅哉氏が「人間にとって遊びとは何か」というテーマについて考え続け，フランスの思想家ロジェ・カイヨワの「人間は遊ぶ動物である」という言葉を発見した結果でした．人間は遊ぶ動物である．つまり，遊びとは人間が人間でいるために必要不可欠な行為である．すなわち，"遊びをク

リエイトする"ということは、人間社会にとってきわめて重要な価値を創出することに他ならないというわけです。この理念は、ナムコの社員が戦略を実践して行く上での指針すなわち"ポリシー（Policy）"となりました。「遊びという素晴らしい価値を作り出そう」という社員一人ひとりの想いは、企業人としての彼らの行動を通して、「事業戦略（事業レベル）」「マーケティング戦略（マーケティングレベル）」にまで大きな影響を及ぼしました。もちろん「企業戦略（企業レベル）」のもう一方の要素である「目的」も重要です。しかし、利益の継続的確保や利益の増大のみを指針として、数多くの人間が長期間行動し続けることは困難でしょう。そこに金銭的な利益以外の何らかの普遍的な価値が見い出せるからこそ、人びとは"ポリシー（Policy）"に沿って行動し続けることができるのです。ナムコの戦略上の成功と企業としての発展は、この理念の制定とけっして無縁ではありません。

　理念の良し悪しを判断したり、その表現方法の是非を論じたりすることは困難です。しかしながら、優れた理念には、シンプルでわかりやすい表現をもつという共通の特徴があるようです。またそれは、社員のモチベーションアップやモチベーション維持につながるような前向きな表現でなければなりません。同時に、戦略プロセスの様々なレベルで用いることができるような汎用性の高い表現であることも重要なのです。

(3) 事業戦略（事業レベル）

　次に、「事業戦略（事業レベル）」について説明しましょう。事業レベルとは戦略を各製品（個別製品ブランド）の単位ではなく、事業の単位で立案するということです。これに対し、マーケティングレベルとは、各製品の単位で標的市場への適応活動を行うことです。

　「事業戦略（事業レベル）」について説明するにあたり、下位概念である「マーケティング戦略（マーケティングレベル）」から遡って考えていきましょう。日本のビール会社は世界にも稀な膨大な製品数を誇っています。これは、日本

のビール会社が数多くの市場セグメントを創出し，新製品を開発し，製品ごとの適応化活動を行ってきた結果です．味覚，アルコール度数，顧客の健康（低カロリー，低脂肪，プリン体カット）などの様々なニーズにより，市場は数多くのセグメント（グループ）に分かれます．この他，日本ならではのニーズとして，顧客の季節感（夏バージョン，冬物語，秋味など季節に対応した製品づくり）も忘れてはなりません．このように，実に細やかな製品の市場適応活動を行うのが日本の消費財メーカーの特質です．米国を代表するビールブランドに「バドワイザー」がありますが，「バドワイザー」ブランドの夏バージョンや秋バージョンというのは聞いたことがありません．さて，日本のビール市場が世界でも稀にみるほどの数多くのセグメントに分割され，毎年のように次々と新製品が登場するのは，この市場が極端な競争的市場だからです．常に複数の企業が市場リーダーになるべく，マーケティングレベルでの新製品開発競争にしのぎを削っています．また，顧客のビールに対するニーズも，上記の通りきわめて多種多様です．マーケティングレベルでの市場適応活動を実行しようとする企業は，このように「競争環境」と「需要環境」の双方を常に検討しなければならないのです．

　それでは，「競争環境」と「需要環境」を把握した上で，個別製品の市場適応活動を行っていけば，戦略的マーケティング成功に導くことができるのでしょうか？　もう一つ忘れてはならない重要な事柄があります．それは「経営資源」（ヒト，モノ，カネ）です．戦略的マーケティングを成功させようとする企業は，市場の「競争環境」「需要環境」に加えて，自社の「経営資源」をしっかり把握した上で適応活動の最適化を行い，利益を獲得しなければなりません．そして，「経営資源」を把握し，適応活動を最適化するためには，自社の活動をより高い視点からみなければならないのです．個別製品レベルでの適応活動のみを考えていたのでは，「競争環境」「需要環境」「経営資源」を同時に検討し，戦略的マーケティングの目的である利益の獲得を実現することはできません．ここで必要になってくるのが，「事業戦略（事業レベル）」です．より

高い視点から，各事業の「競争環境」「需要環境」を把握・分析し，さらに自社の「経営資源」の状況に照らし合わせて，自社の行動を策定することです．貴重な「ヒト，モノ，金」を各事業にどのように分配するか．どの事業において，どのような市場適応を行えば戦略的マーケティングの目的が達成できるかを考えなければならないのです．

個別製品の適応活動である「マーケティング戦略（マーケティングレベル）」の上位に，「事業戦略（事業レベル）」が位置しているのは，このような理由によるものです．

(4) マーケティング戦略（マーケティングレベル）

次に，戦略プロセスの最も下位に位置する「マーケティング戦略」（マーケティングレベル）について説明します．この段階において，はじめて具体的マーケティング手段を用いた市場適応活動が行われます．戦略的マーケティングを実行しようとする企業は，マーケティング手段の組合せ（マーケティング・ミックス）を作成し，標的市場に提供します．前述したように，こうした最終的な市場適応は経営管理者の責任において実行されます．戦略的マーケティングが真に"戦略的"であるための必須要件である「収益性」の確保は，この「マーケティング戦略」における経営管理者の判断いかんにかかっているのです．「マーケティング戦略」が「マネジリアル・マーケティング」(Managerial Marketing) とも呼ばれる所以です．「マネジリアル」(Managerial) とは「経営管理の」「経営管理者の」という意味ですから，「マネジリアル・マーケティング」とは「経営管理者の（責任と指揮における）マーケティング」といった意味になります．

さて，「マネジリアル・マーケティング」（あるいは「マーケティング戦略」）における市場適応を特徴づける言葉が2つあります．「ターゲットフィット」(Target Fit) と「ミックスフィット」(Mix Fit) という言葉です．「ターゲットフィット」については，何度も説明してきましたので詳細は省略いたします．

マーケティング手段の組合せを作り，選び出された標的市場にフィット（適応もしくは適合）させることです．では，「ミックスフィット」とは何でしょうか？「ミックスフィット」とは各マーケティング手段の相互適合を図ることです．「ターゲットフィット」をめざして，「製品：Product」「価格：Price」「流通：Place」「販売促進：Promotion」の最適な組み合わせを作ることです．

たとえば，高所得者層を標的市場とした高付加価値ブランドについて考えてみてください．通常，マス市場に対して大量に販売しようとする場合，「流通（販路）」を広げ，「価格」を安価に設定し，買いやすくするのが定石です．しかし，高所得者層をターゲットに高付加価値ブランドを販売する場合は，戦略上「流通（販路）」を狭くし，「価格」を高額に設定します．こうすることにより，"限定性"をアピールし，高額所得者の購買を促すのです．高級スポーツカーであるポルシェの「流通（販路）」は限定されています．日本国内でもこの車を扱うディーラー（正規代理店）は2〜3社に限られています．販路の開拓に費用がかかるからではありません．戦略上，「流通（販路）」を狭くすることで，"限定性"をアピールするのが狙いなのです．

最後に，戦略プロセス（戦略的マーケティングのプロセス）全体の流れを確認しておきましょう．「事業戦略」（事業レベル）は，「事業領域の策定」⇒「ポートフォリオ戦略」⇒「競争対抗戦略」⇒「P.L.C.（プロダクト・ライフ・サイク

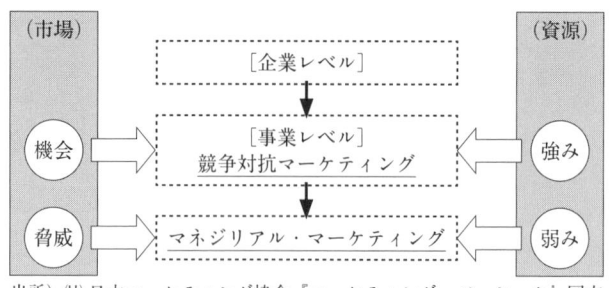

図3－2　戦略プロセスにおけるレベル

出所）㈳日本マーケティング協会『マーケティング・ベーシック』同文館，1995年，p.25の図に加筆

ル）の確認」という流れです．「マーケティング戦略」（マーケティングレベル）は，「標的市場の設定」⇒「ポジショニング」⇒「マーケティング・ミックスの策定」という流れになります．「マーケティング戦略」（マーケティングレベル）における手段の組合せについては第4講で詳述しますので，次項では戦略的マーケティングにとってきわめて重要な「事業戦略」（事業レベル）の内容についてもっと詳しくみていくことにします（図3—2参照）．

2．事業戦略（事業レベル）の詳細

(1) 事業領域の策定

　前項でみたように，戦略的マーケティングのプロセスでは，「事業戦略（事業レベル）」は「マーケティング戦略（マーケティングレベル）」の上位に位置付けられます．ところが，従来のマーケティングでは，「事業戦略（事業レベル）」についてはあまり重要視されてきませんでした．これまで，それは主として経営戦略論の中心的テーマとして扱われてきたのです．しかし，戦略的マーケティングを成功させようとする企業は，自社の「経営資源」をしっかり把握した上で適応活動の最適化を図らなければなりません．そのためには，自社の活動をより高い視点から見渡さなければならないのです．

　まずは，「事業領域の策定」からみていきましょう．その重要性と意義については，本書冒頭の「マーケティング・マイオピア（マーケティング近視眼）」のところで述べましたので，ここでは事業領域の策定方法について具体的に説明します．事業領域の策定方法には主として2つのアプローチがあります．企業経営視点からのアプローチと，消費者視点によるアプローチです（図3—3参照）．前者すなわち企業経営の視点から事業領域を策定しようとする場合に重要となるのが，「戦略事業単位[3]」（Strategic Business Unit 略してSBU）の考え方です．一般に，ある事業が「戦略事業単位」であるためには，次の要件が必要とされています．

〈「戦略事業単位」(Strategic Business Unit) の要件〉
① 独立で事業の採算性が測られうること
② 事業に対応する独自の市場が想定されること
③ 責任ある事業管理者が存在すること

　上記①②③の基準で事業を分別すれば，各事業の本質や定義を明確にすることが可能となります。先に取上げたゲームソフト大手の「株式会社バンダイナムコホールディングス」は，数多くある同社の事業を「戦略事業単位」の考え方に基づき整理しています。

　次に，消費者視点による事業領域の策定方法についてみておきましょう。ここで重要となるのが，「ドメイン」(Domain：領域)[4]の考え方です。これまで，主として経営戦略論の分野において，様々な"ドメイン論"が展開されてきました。ここでは，最も著名かつ一般的なものとして，エイベル (D. F. Abell) およびハモンド (J. S. Hammond) によるドメインの考え方を紹介しましょう。この考え方によれば，事業の核となる「ドメイン」の構成要素は，「人としての顧客」「顧客ニーズ」「代替技術」の3つです。「人としての顧客」「顧客ニーズ」は，もちろん市場サイドの要素です。すなわち実際に存在している顧客（人としての顧客）が具体的ニーズ（顧客ニーズ）をもっていることがドメイン成立の条件なのです。「代替技術」とは，それら顧客の具体的ニーズを満足させ

図3－3　事業領域策定　2つの視点

＊経営視点：SBU (Strategic Business Unit)
⇩
事業領域
⇧
＊消費者視点：ドメイン

るためのものです．これは企業サイドが所有している要素です．そして，「人としての顧客」「顧客ニーズ」「代替技術」の3つの要素に囲まれた領域が，消費者視点での「事業領域」ということになります．

(2) ポートフォリオ戦略

では，次に「ポートフォリオ戦略」についてみていきましょう．「事業領域の策定」と同様に，ポートフォリオ戦略もこれまで経営戦略論の中心的テーマとして扱われてきました．ポートフォリオ戦略は，経営資源（主に資金）を事業間でどのように分配するか，つまり経営資源を最適化するための方向性（指標）を示すためのものです．そういう意味では，ポートフォリオ戦略は事業戦略の中心をなすといっても過言ではありません．これまで様々な「ポートフォリオ戦略」が考案されてきましたが，戦略的マーケティング行動の経営資源分配にとっては，資金の事業間における流れ（フロー）が明確に表現できるボストン・コンサルティング・グループ（Boston Consulting Group）のモデルが良いようです（図3-4参照）．

ここでご紹介する「ポートフォリオ戦略」のモデルは，対象となる市場の「成長性」と経営資源分配を行おうとする企業の「市場シェア」の2つの軸から構成されています．当該事業が対象とする市場の「成長性」に基づき，まず事業は「成長性・高」と「成長性・低」の2グループに分割されます．次に，自社の製品もしくはサービスの市場シェアに基づき，事業は「市場シェア・高」と「市場シェア・低」の2グループに分けられます．モデル上には4つの象限ができあがることになります．自社が抱える複数の事業をこれら4つの象限に当てはめてみます．各事業は，「成長性（高）・シェア（高）」「成長性（低）・シェア（高）」「成長性（高）・シェア（低）」「成長性（低）・シェア（低）」の4つのタイプに類型化できるはずです．戦略的マーケティング行動のための資金を，これら4つの事業タイプのどこに集中投下するか，あるいは4つの事業タイプの間でどのようにフローさせるか，できるだけ合理的に考えようとい

うのがこのモデルの主旨です．

これら4つの事業タイプにはそれぞれの特徴に合わせた名称が付けられています．「成長性（高）・シェア（高）」は「スター」（Star），「成長性（低）・シェア（高）」は「金の成る木」（Cash Caw：お乳のたくさん出る牛），「成長性（高）・シェア（低）」は「問題児」（Problem Child：そのままです！），「成長性（低）・シェア（低）」は「負け犬」（Dog：何て酷い言い方！）です．通常，戦略的マーケティングのための資金を真っ先に投入すべきは，市場成長性があるにもかかわらず自社のシェアが低い「問題児」（Problem Child）タイプの事業ということになります．「スター」（Star）においてはまだ成長が見込めますから，ここで獲得した資金は他へ回さず，そのまま同事業の中において活用すべきと判断されます．問題は「金の成る木」（Cash Caw）です．ここからは収穫が得られますが，将来的な市場の成長性はまったく見込めません．そこで，ここで獲得された資金は，戦略的マーケティングのための多くの経営資源が必要な「問題児」（Problem Child）に回されることになります．

ボストン・コンサルティング・グループの「ポートフォリオ戦略」は古いものですが，戦略的マーケティングにおける経営資源配分に今なお有用な方向性を与えるものです．しかし，問題点がないわけではありません．「成長性」「市場シェア」について，高・低の分割基準（メルクマール）をどのように設定するのかという問題です．客観的データに沿った判断が望まれますが，ここに経

図3―4　ポートフォリオ戦略

SBUへの経営資源配分
［各SBUにおける資金流入と資金流出］

（市場成長率）GDP	高（シェア1位）	低（シェア）
高	スター（Star）維持	問題児 拡大 vs. 撤退
低	金のなる木 収穫	負け犬（Dog）撤退

出所）Boston Consulting Group, 1960

営責任者の主観が入り込むのはやむを得ないでしょう．

(3) 競争対抗戦略

　事業戦略における3番目の戦略は「競争対抗戦略」です．この戦略は戦略的マーケティングの方向性を決めるという意味において，「ポートフォリオ戦略」と並ぶ重要な戦略です．

　事業レベルの「競争対抗戦略」では，競合事業との関係および標的市場の選択方法に基づいて，自社の事業を4つのタイプに分類します．その事業分類とは，「リーダー」(Leader)，「フォロワー」(Follower)，「ニッチャー」(Nicher)，「チャレンジャー」(Challenger) の4つです．企業は競争対抗上の戦略を考える前に，当該事業がこれらのどのタイプに該当するのかを見極めなければなりません．事業が獲得しているシェアがシェア2位企業の1.5倍，あるいは市場全体のシェア（絶対シェア）の30％以上の場合，その事業は「リーダー」となります．「フォロワー」とは，上記「リーダー」とまったく同じ市場を狙い，「リーダー」が自社のシェアとして捕り切れなかった部分を獲得しようとする事業のことを指します．つまり「リーダー」の"食い残し"を狙うわけです．いわば競争を回避して生き延びようという事業戦略です．「ニッチャー」に分類される事業は，「リーダー」の狙う標的事業とはまったく関わりのない，独自の標的市場を開拓し，ここでマーケティング活動を行います．これに対して，「チャレンジャー」は正面から「リーダー」に戦いを挑みます．「リーダー」と同じ標的市場を狙い，自分が代わって「リーダー」になろうとするのです（図3－5参照）．

　さて，上記の通り，「競争対抗戦略」に沿った事業戦略の策定において，鍵（キーポイント）となるのが「リーダー」の存在です．すでに他社の事業がリーダーとして存在している場合，当然のことながら取りうる選択肢は「チャレンジャー」，「フォロワー」，「ニッチャー」のいずれかです．「事業戦略」の視点でみると，「チャレンジャー」に分類される事業と「フォロワー」に分類され

る事業は，すでに存在している「リーダー」と同じ標的市場を狙わなければなりません．しかし，その戦略（適応方法）は「リーダー」に正面から対抗するか否かによって大きく異なります．「チャレンジャー」として対抗する場合は，双方が多様かつ類似のマーケティング手段をぶつけ合って競争するわけですから，一般的に多大なマーケティング費用がかかります．「フォロワー」は競争対抗を行わず，既存の標的市場の一部分を狙うわけですから，マーケティング手段への出費は限定的です．「ニッチャー」は「リーダー」のそれとは異なる独自の標的設定を行います．この場合，上層市場を狙うのであれば製品やブランドの付加価値を高めるための投資が必要となりますが，製品ラインをすべて揃える必要はないので，やはりマーケティング費用は限定的となるでしょう．

　また，単品経営の場合を除いて，企業は通常複数の事業を有しています．したがって，多くの場合，企業は自社の中に，「リーダー」，「チャレンジャー」，「フォロワー」，「ニッチャー」のすべての事業タイプあるいはそのうちの幾つかを同時に抱えることになります．総合飲料メーカーの「サントリー」は，ウイスキー事業では間違いなく国内市場の「リーダー」です．しかし，ビール事業ではどうでしょうか？　筆者は"プレミアムモルツ"ブランドを中心に据えた同社のビール事業を，原料である大麦の品質をブランド訴求点とする「ニッチャー」戦略であるとみています．

図3－5　競争対抗マーケティング

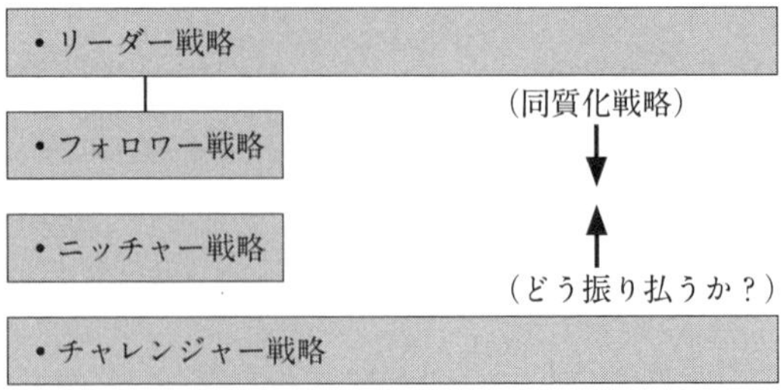

- リーダー戦略
- フォロワー戦略
- ニッチャー戦略
- チャレンジャー戦略

（同質化戦略）
↓
↑
（どう振り払うか？）

(4) プロダクト・ライフ・サイクル (P.L.C.)

　戦略的マーケティングの事業レベルプロセスにおける最後のステップは，「プロダクト・ライフ・サイクル」(Product Life Cycle 略して P.L.C.) です．「プロダクト・ライフ・サイクル」(Product Life Cycle) とは，第一義的には個々の製品の寿命のことです．しかし，戦略的マーケティングを行おうとする企業は，これを個別製品レベルではなく，あくまで市場レベルで捉えようとします．日々変化する市場を動態的に捉えることにより，自社の事業が置かれている環境を客観的に把握しようとするのです．事業を取り巻く市場がどのような段階かによって，戦略的マーケティングのあり方は大きく異なってきます．

　市場は通常，「導入期」，「成長期」，「成熟期」，「衰退期」という4つの段階を経て消滅していきます．「導入期」とは，新製品が市場にリリースされ始めた段階を指します．ここでは，様々なマーケティング費用が初期投資費用として発生します．販路を開拓，確保するための費用，製品の認知を広げるためのプロモーション費用などです．つづく「成長期」ですが，研究者によってはこれを「成長期」と「競争期」の2つに分けて考えます．本書ではこの時期をあくまで「成長期」として捉えます．「成長期」は文字通り，製品認知の高まりとともに市場シェアが伸びていき，売上が損益分岐点を越えていく時期です（戦略的マーケティングが実行され，マーケティング手段の標的市場への適応が順調に進めばですが……）．同時にこの時期は，競争相手が出現し，それらへの対応を迫られる時期でもあります．競争対手に対して，どのような戦略で臨むかを考えなければなりません．「競争期」の戦略については，第5講において詳述したいと思います．次の「成熟期」は，市場が"飽和状態"になる時期です．競争相手企業や競争相手事業もしくは競合ブランドの相次ぐ出現により，市場はどんどん狭隘化していきます．シェア，売上，利益はピークを越え，下降線をたどっていくようになります．戦略的マーケティングの真価が問われるのは正にこの時期です．「成熟期」を迎え，自社の戦略をどのように"修正"もしくは"変更"するのか．この戦略の修正についても，やはり第5講で説明します．

そして最後に,「衰退期」が訪れます.もちろんこの最後のステージにおいても戦略は必要です.いかに損失を最低限に止めながら,事業そのものを市場から撤収させるかという戦略です（図3－6参照).

さて,プロダクト・ライフ・サイクルを確認するに際して,注意すべきことが2つあります.まず注意すべきは,既存事業の戦略策定のためにこの市場サイクルの考え方を用いるのか,それともまったくの新規事業をすでに動き出しているサイクルの中に投入するのか,どちらなのかという点です.つまり,すでに事業が存在しているのか,これから新規事業が始まるのかという違いです.この違いにより,戦略のあり方は大きく変わってきます.さらに注意すべきは,対象となる事業および製品のカテゴリーを明確化するということです.同じ製品であっても,見方によってカテゴリーは異なります.アサヒビールに"スーパードライ"というブランドがあります.これはもちろん,「製品カテゴリー」としては「ビール」でしょう.しかし,「サブ製品カテゴリー」としては「ドライビール」になります.どのカテゴリーなのかによって,プロダクト・ライフ・サイクルの状況は大きく異なります.

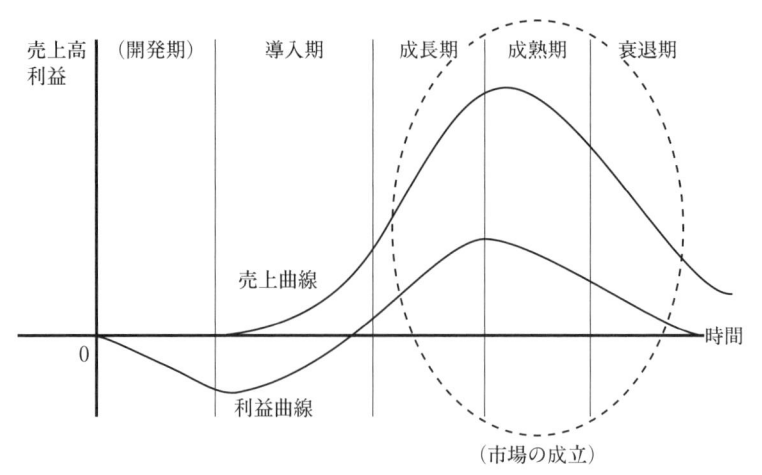

図3－6　製品ライフサイクル（P.L.C.）

3．組織

(1) 戦略的マーケティングにふさわしい組織とは

　戦略的マーケティングにふさわしい組織について考察するに際し，ここでもう一度，戦略的マーケティング自体の定義について確認しておきましょう．戦略的マーケティングとは，「組織（企業）が目的達成（利益獲得）するための環境（市場）適応行動の成功パターン」のことです．また，T.レビットはマーケティングを単なる手段の適応行動としてではなく，これを全組織的な経営行動であるとしました．戦略的マーケティングとは正に全社的な行動なのです．戦略の実行と成功のためにどのような組織を作り上げるか．戦略的マーケティングにとって，これはきわめて重要なテーマです．

　経営戦略論の泰斗 A. チャンドラー（A. Chandler）[5]は，その著書『経営組織と戦略』の中で"組織は戦略に従う"と述べました．有名な言葉なので，お聞きになったことがあるかもしれません．企業の組織は常に一定のものではなく，戦略が変われば，企業は必然的にその組織を変化させるというものです．したがって，企業の成長とともに，組織もより新しいものへと進化していきます．しかし，たとえ従業員数名の小規模企業であっても，組織が自ら勝手に変わっていくわけではありません．戦略の変化に合わせた，人為的な調整作業や編成作業というものが必要となります．けれども気を付けなければならないのは，組織の変化（人為的な調整や編成）にも多大な費用（移動のための金銭コストといった直接費用，さらには社員のエネルギーロスのような間接費用も含めて）がかかるということです．戦略の変化のたびにいちいち組織変更を余儀なくされていたのでは，戦略の目的である利益の獲得そのものも危うくなりかねません．そこで重要になってくるのが，「戦略の変化に対応しやすい組織」という考え方です．硬直化しやすい組織ではなく，戦略の変化すなわち社員の行動変化に柔軟に対応することが可能な組織が望まれるのです．

　さて，戦略的マーケティングを実行するためには，全組織が利益獲得という

共通目的の実現に向けて一致して市場適応行動を行わなければなりません.そこにおいて重要となるのは,適応行動のための「情報伝達」,組織的な「情報共有」であると筆者は考えています.中でも,戦略的マーケティングの実行組織として,とくに不可欠なのが「情報の共有」です.わかりやすくいえば,戦略的マーケティングを行う以上,"顧客ニーズ""顧客ボリューム""競合企業""競合ブランド""自社の資源の状況"といったマーケティング情報を最高経営責任者から新入社員に至るまでが共有していなければならないのです.このような組織こそが戦略的マーケティングとその変化に対応しやすい組織,戦略的マーケティングにふさわしい組織といえるのです.これについては,本項の(3)で詳しく説明します.

次項では,これまでの研究に基づき,幾つかの組織タイプを紹介します.そして,戦略的マーケティングにはいかなる組織がふさわしいのか検討してみたいと思います.組織を形作る要素としては,これまで「事業部門」,「職能」,「管理者」の3つが重要視されてきました.これらに,上述の「情報伝達」,「情報共有」を加えたものが,組織の構成要素であると筆者は考えています.これらの組合せにより組織のあり方は決定されます.

(2) これまでの組織分類

従来,組織のあり方を決定付ける要素として,「事業部門」,「職能」,「管理者」の3つが重要視されてきました.ここでは,こうした従来の考え方に基づき,マーケティングを行う組織を「事業部別」組織と「職能別」組織に分けて考えてみます.そして,戦略的マーケティングの立場から,それぞれのメリットとデメリットをみていきたいと思います.

はじめに,「事業部別」組織を取り上げます.「事業部別」の組織は,事業をどのように定義するかによって幾つかのタイプに分類できます.ここでは,製品カテゴリーごとに事業を分類した「製品事業部別」の組織についてみていきましょう.この他,事業を地域市場毎に分類した「地域事業部別」の組織もあ

るのですが，特長や問題点については「製品事業部別」とほぼ同じですのでここでは取り上げません．「事業部別」の組織はさらに3つのレベルに分割されます．最高経営責任者もしくは経営責任者の下に本社スタッフ（レベル）があり，そのまた下にライン（レベル）が置かれます．より上位に位置する本社スタッフは職能によって，マーケティング，製造，財務，研究開発（R&D）に分かれます．その下のラインには，製品カテゴリーごとに分けられた各製品事業部が配置されます．では，このタイプの組織が戦略的マーケティングを実行する上でのメリットとは何でしょうか．それは事業戦略が行いやすいということです．マーケティングのセクションと製造・財務といった経営資源管理に係るセクションが相互に近接しているため，市場適応に向けた経営資源の集約と分配を行いやすいのです．各製品事業部からマーケット情報をスムースに吸い上げ，それらの情報を本社スタッフが確実に共有し，各事業を同時にみながらバランスの良いマーケティング計画を立てることが可能になります．逆に問題点は何でしょうか．それは，事業間の（横の）コミュニケーションが不足しがちになることです．つまり，本社スタッフとライン間の情報共有，さらには本社スタッフ間における情報共有については申し分ないのですが，適応活動に従事するライン間におけるマーケット情報共有がおろそかになってしまうのです．

次に，「職能別」組織についてみていきましょう．この組織もやはり3つのレベルに分割されます．経営責任者の下に本社スタッフ（レベル）があり，そのまた下にライン（レベル）が置かれるのは，上記「事業部別」組織と同じです．この組織タイプの特徴は，本社スタッフばかりでなく，その下のラインも職能によって分割されていることです．ラインは，マーケティング，製造，財務，研究開発（R&D）に分かれ，それぞれの職能に属するスタッフが専門的な立場から，すべて製品事業（製品カテゴリーごとに分けられた事業）に携わります．この組織の戦略的マーケティング上の特長は，ライン間，スタッフ間，スタッフ・ライン間それぞれにおいて，マーケット情報の伝達・共有がスムースに行いうるという点です．ただし，そうしたコミュニケーション上のメリット

が発揮されるのは，製品の種類が少なく，組織全体が比較的小規模の場合に限られます．製品の種類が増え，さらに事業を行う地域が広範に渡る場合においては，各職能スタッフが多くの事業や多様な地域をカバーしきれなくなり，むしろ戦略的マーケティングの実行が難しくなります．

(3) マーケティング組織における情報伝達と情報共有

　では次に，組織のあり方を決定付けるもう一方の要素である「情報伝達」と「情報共有」について考えてみましょう．企業は戦略的マーケティングを成功させるために，限りある経営資源を効率的に活用し，市場適応を果たさなければなりません．そのためには，スムーズな「情報伝達」と「情報共有」が不可欠となります．ここで言う「情報」は，大きく「外部環境情報」と「内部環境情報」（経営資源：ヒト・モノ・金）に分けることができます．「外部環境情報」とは，主に市場から獲得される情報のことで，具体的には「需要に関する情報（顧客ニーズ，顧客ボリューム等消費サイドの情報）」と「競争に関する情報」（競合企業，競合ブランド等競争相手の情報）が挙げられます．

　さて，マーケティング組織における「情報伝達」と「情報共有」について理解するためには，前提として，以下2つの問題について考えなければなりません．問題の1つ目は，"「情報伝達」「情報共有」の視点から組織を捉え直す"ということです．2つ目は，"トランザクション・コストを考える"ということです．1つ目から説明していきましょう．前項で述べたように，組織のあり方を決定付ける要素として，従来，「事業部門」，「職能」，「管理者」の3つが重要視されてきました．その結果，マーケティング組織も，「事業部別」組織や「職能別」組織に類型化されてきました．筆者は戦略的マーケティングを行う組織について考える場合，こうした従来の捉え方ではなく，マーケティング情報の伝達と共有という視点からこれを捉え直すことが必要であると考えています．通常，マーケティングに関する様々な情報は，営業系のセクションや製品開発といったセクションに集中します．それはそれで良いのですが，問題は

全社的な市場適応を行う際，組織全体がマーケティング情報をスムースに共有できるか否かです．そこで，事業分類や職能によって組織を編成してしまうのではなく，マーケティング情報の"伝達しやすさ"や"共有しやすさ"を事前に考慮した上で，全体的な組織編成を組み立てることが重要になってくるのです．

　2つ目の"トランザクション・コスト"について説明しましょう．"トランザクション・コスト"とは，経済学上の"取引コスト"のことです．一般に，経済行為を行う場合，製品を購入したり生産したりする費用以外に，取引行為そのものにも様々な付随的な費用がかかってきます．この"トランザクション・コスト"は，もちろん物理的な取引行為（財の交換）にもかかってきますが，目に見えない情報のやり取り（いわゆる情報交換）に対しても発生します．電話代，ファックス代，ネット使用料金といった計測可能なコストから，他部門のスタッフにマーケティングに関する情報を理解させるための時間やエネルギーといった計測不可能な費用まで"トランザクション・コスト"には含まれます．戦略的マーケティングにおける全組織的な適応活動を効率良く進めるためには，マーケティング情報の伝達と共有にかかるこうした"トランザクション・コスト"をできる限り低く抑えなければなりません．

　次項では，これら「情報伝達」と「情報共有」に関する2つの問題を踏まえ，戦略的マーケティングにふさわしい組織とはどのような組織か，引き続き探っていきたいと思います．

(4) ネットワーク型組織とマーケティング・カンパニー

　本項(2)でみてきたように，「事業部別」組織においては本社の中にマーケティングの部署が配置され，「職能別」組織ではラインレベルにマーケティングの部署が配置されます．このような組織では，「情報伝達」と「情報共有」に多大なトランザクション・コストがかかる恐れがあります．そこで重要になってくるのが，「情報伝達」と「情報共有」を中心に戦略的マーケティングのた

めの組織を編成するという考え方です．もちろん，その場合においても，必ずマーケティング実務を行う部署は設置されます．しかし，そこで取り扱うマーケティング情報はあくまでも組織全体によって共有・活用されねばならないのです．

　このように，特定の情報を組織全体で共有・伝達する場合に有効なのが，「ネットワーク型組織」です．戦略的マーケティングを行おうとする組織は，「外部環境情報」と「内部環境情報」を極力少ないトランザクション・コストで伝達し，共有しなければなりません．そこで近年になり，「マーケティング部門を中心としたネットワーク型組織」が注目を集めるようになりました．この組織は従来の「事業部別」や「職能別」のマーケティング組織とは大きく異なり，組織内においてマーケティング情報を自由かつ迅速に流通させることができます．また，組織内における各部署はどちらかがどちらかを支配する関係にはなく，戦略的マーケティングという明確な目的をもつ企業行動を遂行するために，マーケティング部門を中心にフラットで対等な関係に置かれています．これまでの（戦略的ではない）マーケティング組織においては，マーケティング部門は多くの場合，営業系の部門か販売系の部門に置かれてきました．たとえば，スタッフ部門である財務や人事や総務といった部署は市場適応活動のカヤの外に置かれていました．これに対し「マーケティング部門を中心としたネットワーク型組織」においては，これらの部門とマーケティング部門は，共通目的の遂行のために迅速で密度の濃い情報の交換を行います．

　さて，このような「マーケティング部門を中心としたネットワーク型組織」を作り上げ，機能させるためには，何が必要でしょうか．それは，経営管理者の強力な「リーダーシップ」です．先に「ネットワーク型組織」の各部門は対等でフラットな関係にあるといいました．しかし，マーケティング情報が行き来する各部門の間はフラットであっても，戦略的マーケティングの目的を定め，プロセスを監視する経営管理者には強い「リーダーシップ」が期待されます．むしろフラットでマーケティング情報が自由かつスムースに流通する組織

図3—7　戦略的マーケティングのための組織

戦略的マーケティングを実践する「マーケティング・カンパニー」

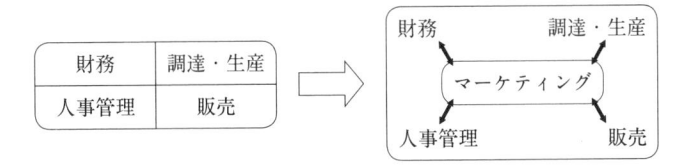

財務	調達・生産
人事管理	販売

⇒

財務　　　　調達・生産
　　＼　　／
　　マーケティング
　　／　　＼
人事管理　　　販売

であるからこそ，それら情報が有効に活用されるように，経営管理者が目を光らせている必要があると筆者は考えています．

　戦略的マーケティングの遂行にふさわしい組織とは，マーケティング部門を中心としたネットワーク型の形態を有しており，その中で情報の伝達と共有がスムースに行われ，さらにはリーダーシップを備えた経営管理者が戦略的マーケティングの目的保持とプロセス遂行をしっかり監視している組織です．たぶん理想主義的ではありますが，このようなマーケティング組織を有し，戦略的マーケティングを実行している企業のことを，筆者は"マーケティング・カンパニー"と呼んでいます（図3—7参照）．

注）
1) 日本マーケティング協会編『マーケティング・ベーシックス』同文館，1995年，p.27．
　戦略的マーケティングのプロセスに関する記述は，同書に基づく．
2) 現在の株式会社ナムコは，「遊びを通じてお客様を幸せにします」という"使命"を掲げている．ナムコホームページ http://www.namco.co.jp/company/ より
3) 日本マーケティング協会編，前掲書，p.26．
4) 日本マーケティング協会編，前掲書，p.32．
5) A.チャンドラー著，有賀裕子訳『組織は戦略に従う』ダイヤモンド社，2004年．

第4講
ターゲット設定とマーケティング・ミックスの策定

1. 標的設定

(1) 市場細分化の意味

　筆者は，これまで繰返し，"市場を把握する"といってきましたが，実際に"市場を把握する"のは容易なことではありません．人間の"慾"の集積が市場であるとすれば，本来不可視であり，物理的な形状をもたない"慾"というものを正確に捉えることはほぼ不可能といって良いでしょう．これを感覚的に捉えるのが上手な人もいます．デザイナーや広告クリエイターの中には，消費者の欲望や市場というものを感覚的に（あるいは嗅覚的に？）把握する能力に長けた人がいて，人気商品やヒット広告を生み出しています．しかし彼らとて，繰返し何度もヒット商品を生み出せるわけではありません．また，すべての企業にそのように嗅覚に優れた人材がいるわけではありません．戦略的マーケティングである以上，企業は一般化かつ汎用化された方法で市場を把握しなければならないのです．しかし，汎用的かつ有用な方法が見つかったとしても，それによって100％の市場適応が可能になるわけではありません．企業はマーケティング手段の修正を繰返し行いながら，市場適応をより完全なものにしようとします．その意味で，マーケティングとは，試行錯誤をともなうまさに"ベストエフォート"（Best Effort）な企業行動であるといえます．

　では，市場を把握するための汎用性の高い（一般的）方法とは何でしょうか？　それは，市場を何らかの基準に基づき細分化することです．標的設定に向けてまず私たちが行うことは市場を細かく分けることなのです．分けるための軸を「細分化基準」といいます．たとえば細分化基準が3つあれば，当然市

場は6つに分割されます．そして，分割されたそれら市場の一つひとつをセグメント（Segment）といいます．「マーケット・セグメンテーション」（Market Segmentation）とは，すなわち「市場細分化」という意味です．そして，細分化されたセグメントの中から「標的市場」（Target）が選択されます．

いわば市場とは消費者に関する多種多様な"変数"の集まりです．無秩序なこの変数の集合体と，もう一方の"変数"である手段の組合せ（4Pミックス）との最適なフィット（Fit）を考えなければなりません．変数群の中にむやみにマーケティング手段を投入しても，市場適応はできません．そこで必要になって来るのが，変数群を細分化基準によりグループ化し，それらグループの中から標的を探し出すことなのです．共通の軸で分類されたグループには，同じ"因子"をもつ変数が多く集まっています．それら各セグメントの共通因子を発見できれば，手段による標的市場への適応化はよりスムースになるはずです．

これらセグメンテーション（Segmentation）＝市場細分化のプロセスにおいて最も重要になってくるのが，これら「細分化基準」を見つけ出すという作業です（図4－1参照）．どのような「細分化基準」をもって市場を分割するのか？　マーケティング担当者の能力が真っ先に問われるのは，正にこの点なの

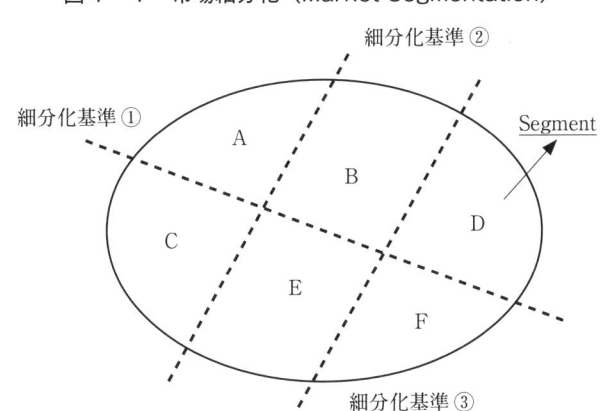

図4－1　市場細分化（Market Segmentation）

です．市場調査の最初の使命は，「細分化基準」を見つけ出すことといっても良いでしょう．では次項では，「細分化基準」にはどのような種類があり，これらをどのように捉えれば良いのかについて詳しくみていきましょう．

(2) 細分化基準

「細分化基準」は人間の消費生活のすべてに及んでおり，その種類は実に多岐に渡っています．また，調査の精度を上げるために「細分化基準」をさらに数量的な尺度に従って分ける場合もあります．たとえば「居住地の気候」によって市場を細分化する場合，単に「温暖地」「寒冷地」の2つのセグメントに分けるやり方もありますが，年平均気温別に数多くの細分化基準を設け，3つ以上のセグメントに分割することも可能です．このようにきわめて多種多様な「細分化基準」ですが，大きく次の2つの種類に分けることができます．

1つ目は，2次データ（他者が作成した統計資料）の利用により，基準設定の情報が獲得できるものです．居住地，居住地の気候，人口，人口密度，性別，年齢，所得，職業等がそれです．これらに関する情報は，企業が独自の調査を行わなくても，既存の資料等を利用することにより取得することができます．情報収集が簡単で，設定も容易な「細分化基準」ということができるでしょう．2つ目は，企業が情報を取得するために，調査をプランニングし，アンケート等の独自調査を実施する必要があるものです．これを一次データと呼びます．たとえば，ライフスタイル，パーソナリティ（性格），購買量，広告への反応度，価格への反応度，商品へのロイヤリティ（忠誠度）等です．これらの情報は消費者の行動に関わるもので，獲得のためには本格的な調査を必要としますが，これらを知ることにより市場における消費者の価値判断を直接的に把握することができるようになります．

さて，1つ目の基準の代表的なものとしては，「地理基準」と「人口属性基準」が挙げられます．「地理基準」は地理上の違いに基づく基準で，上記のうち，居住地，居住地の気候，人口，人口密度がこれにあたります．「人口属性

基準」は消費者一人ひとりに固有な基準の中でもとくに2次データによる把握が可能なものを指します．たとえば，性別，年齢，所得，職業等です（ちなみに，ここでいう人口属性とは人間の数のことではありません．「一人ひとりの人間が自身の属性として固有に所有している」という意味です）．

2つ目の独自調査が必要な基準としては，「心理基準」と「行動基準」が挙げられます．「心理基準」は購買行動に至る心理的動機や価値観の背景に基づく基準で，上記ライフスタイル，パーソナリティ（性格）がこれに該当します．「行動基準」は，購買量，購買頻度，広告への反応度，価格への反応度，商品へのロイヤルティ（忠誠度）等のことで，既存製品に対する消費者の"反応度合い"に基づき設定された基準です（図4－2参照）．

戦略的マーケティングでは，これらの「細分化基準」を組合わせて使用します．上述したように，「細分化基準」の数を増やし，さらにそれらを組合わせて用いれば，原理上は無限にセグメントの数を増やしていくことが可能となります．しかし，気を付けたいのは，細かなセグメントに分割し得たからといって，それが市場における購買行動の実情に合致しているとは限らないという点です．一見科学的な調査により微細に分割された市場が，実は市場の本当の姿を反映していないということがよくあるのです．戦略的マーケティングにおいては，科学的な調査活動と並んで，市場の実情を見通す人間の力（マーケティング担当者の洞察力）が何より重要となります．

図4－2　一般的な細分化基準

① 「地理的基準」：地域，気候，人口，人口密度　他
② 「人口属性基準」：性別，年齢，所得，職業　他
　→ 把握しやすい，グローバルマーケティング・地域マーケティング

③ 「心理基準」：ライフスタイル，パーソナリティ　他
④ 「行動基準」：ベネフィット，使用感　他
　→ 標的市場における消費者の価値判断を直接探る

(3) 購買決定プロセス（「行動基準」「心理基準」の重要性）

では，「細分化基準」について，消費者の購買決定プロセスの観点から，さらに詳しくみていきましょう．前項では，多種多様な「細分化基準」の中でも，消費者の価値判断を直接的に反映しているものとして，「心理基準」と「行動基準」を取り上げました．「心理基準」と「行動基準」は既存製品に対する消費者の"反応度合い"に基づき設定された基準であり，それらを用いたセグメンテーション（市場分割）を行うことにより，企業はセグメントの購買行動についてより正確に知ることが可能になります．

通常，あらゆる消費者はそれぞれ独自の価値観を抱いて生活しています．自身の価値観についてよく把握している人もいれば，まったく気付かずに日々購買行動を行っている人もいるでしょう．そして消費者は自身の購買に際しても，自身の人生経験で培った独自の価値観に従って行動しようとします．こうした価値観により規定される基準のことをここでは「価値基準」と呼ぶことにしましょう．

「価値基準」は，上で述べたように，それが消費者に自覚されている場合もあれば，自覚されていない場合もあります．「価値基準」が消費者自身に"知覚"されると，それは「価値知覚」となります．「自分はこのような服が好きだ，なぜなら……」「あの車のデザインが気に入らない，なぜなら……」と，はっきり自身の嗜好を説明できる消費者は，間違いなく，ある商品カテゴリーにおける「価値知覚」を獲得しているのです．しかしながら，この「価値知覚」は何もしなくても自然に現われてくるという性質のものではありません．消費者が，一定の「価値基準」をもって商品やサービスに向かい合った時，はじめてその商品やサービスに対する「価値知覚」が獲得されるのです．

「価値知覚」を獲得した消費者は，それに従って，目の前にある商品やサービスの「評価」を行います．「自分の嗜好に合っているか否か？」「どのくらい自分の好みからかけ離れているのか？」といった事柄を自問するのです．そして，その「評価」結果に従って，ようやく「購買」を決定します（あるいは

「購買」を取り止めます).以上が,最も一般的な購買決定プロセスです.これら一連のプロセスからもわかるように,消費者の購買行動は,各々が所有する「価値基準」によって決定づけられるのです.

　先の「地理基準」や「人口属性基準」が人びとに固有のものであるのと同様に,「価値基準」も消費者の個人的経験を強く反映しており,きわめて属人的な基準です.これら消費者固有の「価値基準」をセグメンテーション(市場細分化)のために理論化したものが,「行動基準」であり「心理基準」なのです.いうなれば,消費者の購買行動の"源流"を探し,これを突き止め,それが向かう方向をあらかじめ知っておこうということです.さて,「行動基準」「心理基準」研究の一つの成果が「ライフスタイル」論です.戦略的マーケティングにとって顧客の「ライフスタイル」を知ることは大きな意味をもちます.次項では,「ライフスタイル」についてみていきたいと思います.

(4) ライフスタイルとは

　筆者は,前項において,経験を通して獲得した価値観[1]に基づき,消費者個々人の「価値基準」(「心理基準」や「行動基準」)が規定されると述べました.そして,市場はそれら「心理基準」や「行動基準」により様々なセグメントに分割されます.当然のことながら,セグメントに所属する消費者は,共通の価値観に彩られたそのセグメント独自の「生活意識」をもつことになります.このような「生活意識」のうち,その存在が明らかであり,なおかつ相当量の市場ボリューム(顧客数)が確認されているもののことを「ライフスタイル」と呼びます.「ライフスタイル」自身はけっして新しい研究分野ではありません.かつて1970年代から1980年代にかけて,盛んに「ライフスタイル」研究が行われました.しかし,今日なお,戦略的マーケティングにとって「ライフスタイル」はきわめて重要な概念です.その時代や地域に顕著な「ライフスタイル」を知ることにより,戦略的マーケティングにおける市場適応はより容易なものとなるからです.

ここで，既存の研究における「ライフスタイル」構成要素についてみておきましょう．ライフスタイルの捉え方は，取り上げようとする商品カテゴリーや対象とする消費者によって様々です．これまでの研究では，一般的な「ライフスタイル」構成要素としては，価格意識，流行意識，家事嫌悪性，社会活動気質，自信，オピニオン・リーダー性，情報収集性，新規ブランド採用性，金銭的楽観性，視野の広さ，芸術熱狂性などが頻繁に取上げられてきました．またたとえば，ファースト・フード顧客の「ライフスタイル」構成要素としては，非家庭志向性，楽観性，流行意識，投資意識，新規ブランド購買性，情報収集性，中流意識等が挙げられています．さらに，女性に限定した「ライフスタイル」構成要素としては，家庭についての伝統的役割観，仕事についての伝統的役割観，家族関係についての伝統的役割観，家事志向性，生活の満足度，旅行志向性，金銭感覚などが取上げられてきました．このように，「ライフスタイル」構成要素は実に多種多様なのです．

　さて，このように構成要素の数が多い理由としては，対象とする消費者（群）の文化的背景が多様化しているからに他なりません．最も奥深い根底の部分に文化的背景が存在し，それに基づいた一定の「ライフスタイル」が市場に発現するのです．結果として，「ライフスタイル」の構成要素は文化の多様性と同じ程度に多様化します．したがって，ライフスタイルを策定するに際しては，非常に奥深い調査・分析が重要となります．

　たとえば，先の「標準化」論議において，コーヒーチェーン店（本書では，スターバックス）の標的市場を「情報感度の高い都市生活者」であるとしました．この「情報感度の高い都市生活者」というセグメントは，確かに一定の「ライフスタイル」を身に付けた消費者のグループとして把握できそうです．しかし，これを深く理解するためには，マーケティング担当者が実際に街頭に出て，自分の目で見て，実感し，ライフスタイルの裏側に潜む文化的背景を把握しなければならないのです．こうした消費活動の文化的側面に対する定性的な調査や分析も戦略的マーケティングには不可欠です．戦略的マーケティング

(とくに,標的設定と製品戦略)と文化の関わりについては,第6講において後述します.

2. マーケティング・ミックス(Marketing Mix)の策定

(1) マーケティング・ミックスの考え方

これまでみてきたように,マーケティングにおける標的市場への適応は,手段の組合せにより実行されます.マーケティング手段は実に多種多様であり,これを市場適応のツールとして用いるためには,何らかの類型化が必要となります.そこで,米国のマーケティング研究者ジェローム・マッカーシー(Jerome McCarthy)は,これら手段を便宜上4つに分類しました.マッカーシーの考え方は,レビットのそれと同様,戦略的マーケティングにおいてきわめて有用なものです.マッカーシーによれば,マーケティング手段はその性質により,大まかに「製品:Product」「価格:Price」「流通:Place」「販売促進:Promotion」の4つに類型化されます.これら4つの手段の組合せのことを,マーケティング・ミックス(Marketing Mix)といったり,その頭文字を取って4Pミックス(4P's)といったりします.さて,筆者は,戦略的マーケティングにおいて,マーケティング・ミックスを用いた市場適応を行う場合,次の3点をしっかり理解しておく必要があると考えています.

〈マーケティング・ミックス(手段の組合せ)策定における注意点〉
① 4つの手段を組合せた"複合的な一つの概念"として市場適応に用いられること
② "複合的な一つの概念"であるが,その中心にはあくまで「製品」が位置していること
③ マーケティング・ミックスは,事業レベルの戦略に従い,作成されること

①から説明していきましょう．マーケティング・ミックスは，いかなる場合においても複合的な概念として理解されなければなりません．たとえば，本書第2講において「標準化」と「個別適応化」の2つの枠組みの違いについて説明しました．この場合においても，「製品」だけが独立して「標準化」されたり，「個別適応化」されたりするわけではありません．マーケティング・ミックスは，常に一つの集合体として適応に用いられるのです．

次に②についてです．これは①と矛盾しているように聞こえるかもしれませんが，マーケティング・ミックスの軸となる概念はあくまで「製品」です．軸というよりも市場適応の"主役"といった方が適切かもしれません．これは第5講「マーケティング・ミックスの修正」において明らかにしますが，マーケティング・ミックスの内容を動かす場合（組合せ方を変える）場合でも，中心となるのは「製品」です．「製品」の標的市場への適応をまず考え，それから他のマーケティング手段の「製品」へのフィット（ミックス・フィット）や標的市場へのフィット（ターゲット・フィット）を考えなければならないのです．

③については，第3講「戦略プロセスのレベル」においてすでに説明しました．「マーケティングレベル」（市場適応レベル）における企業行動は，上位のレベルである「事業レベル」の戦略に従わねばなりません．ゆえに，マーケティング・ミックスも，「競争対抗戦略」「ポートフォリオ戦略」「プロダクト・ライフ・サイクル（P.L.C.）」といった事業レベルでの戦略の方向性に合致した形で作成されるのです．

(2) マーケティング・ミックスと競争対抗戦略

「競争対抗戦略」については，第3講ですでに述べましたので，ここでは，競争対抗戦略とマーケティング・ミックスの関わりについてみていきたいと思います．先述したように，「競争対抗戦略」は事業レベルの戦略ですから，企業がいかなる「競争対抗戦略」を選ぶかにより，マーケティング・ミックスによる市場適応の方向性は変わってきます．

はじめに，競争対抗戦略とマーケティング・ミックスの関わりについて考える際の注意点を2つ述べておきたいと思います．1つ目の注意点は，事業レベルでの「競争対抗戦略」は，製品という手段のみならず，標的市場の設定からマーケティング・ミックスの構築に至るまでの適応行動全体の方向性に影響を及ぼすということです．当該事業がリーダー，フォロワー，ニッチャー，チャレンジャーのどの事業戦略を選択するかによって，標的設定ならびにマーケティング・ミックスの方向性は変わってきます．次に，注意点の2つ目として，自社の経営資源の状況によって，事業戦略オプションとしての競争対抗戦略の選択肢が限定されるという点についても考えておかなければなりません．すなわち，リーダーに対抗し，リーダーの地位を狙うチャレンジャーになりうる企業は，多種多様なマーケティング手段をもち，経営資源に恵まれた企業に限られるということです．

　以上を踏まえ，「競争対抗戦略」におけるマーケティング・ミックスについて，リーダー企業における「標的市場設定＋マーケティング・ミックス構築」を中心に述べたいと思います．リーダー企業が取るべき事業戦略および市場適応行動の目的は，シェアの維持および拡大（需要の拡大）です．そのためにリーダー企業は，現存する標的市場内に出現するすべてのマーケティング・ミックスに対して，それらと同様のマーケティング・ミックスで対抗しようとします．さらには，シェア下位企業が設定した新たな標的市場に対しても，やはり同じようなマーケティング・ミックスを用いてこれを"打ち消そう"とします．

　こうしたリーダー企業による市場の"同質化"[2]に対抗しようとするのがチャレンジャー企業です．リーダー企業の市場"同質化"に対抗するためには，チャレンジャー企業も同じ標的市場に対して同種のマーケティング・ミックスで対抗せざるを得ません．仮に，リーダー企業が基本枠組みとして「個別適応化」を採用しているなら，当然，チャレンジャー企業も「個別適応化」を採択せざるを得ないのです．チャレンジャー企業にとっても，マーケティング・ミ

ックスにかかる費用は相当なものといわざるを得ません．

そこで，マーケティング手段にかかる費用をセーブし，より戦略的に振舞おうとする企業は，ニッチャーという地位を選択します．リーダー企業との競争を行わないニッチャー企業の戦略は，"競争回避"というような消極的なものではありません．独自の市場を創造もしくは発見し，限定的なマーケティング・ミックスを構築し，より少ないコストで市場適応を成し遂げようとする創造的な戦略なのです．事業レベルにおいてニッチャー企業の地位を確立しようとする企業は，しばしば市場適応のレベルにおいて「標準化」の道を選択します．経営資源ならびに標的市場の"集中化"により効率的な市場適応を図るという点において，これら2つの戦略は非常に似通っているのです．

(3) マーケティング・ミックスとポートフォリオ戦略

「ポートフォリオ戦略」についてもすでに述べましたので，やはりここでは，「ポートフォリオ戦略」がマーケティング・ミックスを用いた市場適応にどのような影響を及ぼすかについてみていきたいと思います．「ポートフォリオ戦略」は「競争対抗戦略」と同様に，市場適応の前段階である事業レベルにおける戦略です．自社の事業がポートフォリオ上のどのタイプに属しているかによって，マーケティング・ミックスを用いた市場適応の方法は異なります．同時に，事業タイプごとに，投入する経営資源の量も異なってきます（図4－3）．

先述したように，事業は「スター」，「金の成る木」，「問題児」，「負け犬」の4つに分割されます．この中で，最も多くの資源が投入されるべきは，「市場成長性（高）・シェア（低）」のタイプに属する「問題児」です．「問題児」は他のタイプの事業から経営資源（他事業の収益）を受け取り，それによって"拡大"をめざします．次に多くの資源を必要とするのは，「市場成長性（高）・シェア（高）」の「スター」です．「スター」は，可能性があればシェアの"拡大"もめざしますが，基本的には生み出した収益を自らのシェア"維持"のためにのみ用いようとします．「金の成る木」においては，シェアは高いのです

が，もはや市場そのものに成長余力がありません．したがって，このタイプの事業の目的は，ひたすら収穫できるうちに収穫し，得られた収益を「問題児」に投入することです．最後に，「負け犬」の使命はコストをかけずに素早く撤退することです．以上のようにみてくると，事業タイプは，大きく"拡大"か"維持・撤退"に分割できることがわかります．

　それでは，以上を踏まえ，"拡大"もしくは"維持・撤退"それぞれの場合に，マーケティング・ミックスを構成する各マーケティング手段（「製品」「価格」「流通」「販売促進」）をどのように用いるべきか考えてみましょう．はじめに，「製品」についてです．事業が"拡大"をめざしている場合，製品デザインは「差別的」（差別化重視）になります．しかし，"維持・撤退"が目的であるなら，デザインは「現状のまま」ということになるでしょう．製品ライン（種類）については，"拡大"なら「多様化」であり，"維持・撤退"の場合はやはり「現状のまま」ということになるでしょう．同じように，「価格」についてはどうでしょうか．事業がさらなる"拡大"をめざすのであれば，「価格」は収益性とブランド認知拡大を両立させた「戦略的価格設定」になるでしょう．戦略的な価格設定方法については第8講において詳述します．"維持・撤退"の場合の価格設定は，あくまでもコスト（費用）カバー重視に止まるはずです．次は「流通」です．事業"拡大"の場合の流通戦略は，「販路拡大」か「戦略的流通選択」のいずれかになります．これについても第9講で後述します．最後に「プロモーション」についてみてみましょう．事業"拡大"の場合，「プロモーション」は費用をかけたメガ・プロモーションになるか，あるいは戦略的なもの（たとえばWebサイトや携帯等を利用したクロスメディア戦略等）になるはずです（図4—4参照）．

　以上のようにみてくると，ポートフォリオ上，どの事業タイプに属するかによって，マーケティング・ミックスの方向性と具体的マーケティング手段のあり方が大きく異なってくることがおわかりいただけるかと思います．

図4-3　ポートフォリオ戦略

SBUへの経営資源配分
［各SBUにおける資金流入と資金流出］

（市場成長率）GDP	スター（Star）維持	問題児 拡大 vs. 撤退
高	金のなる木 収穫	負け犬（Dog）撤退
低	高（シェア1位）	低 （シェア）

出所）Boston Consulting Group, 1960

図4-4　マーケティング・ミックスの方向性

	拡大		収穫／撤退
製品デザイン	差別的	⇔	現状維持
製品ライン	多様化	⇔	現状・縮小
価格設定	戦略的な設定	⇔	コスト志向
流通	広範もしくは戦略的選択	⇔	現状・縮小
プロモーション	IMC（メガブランド）	⇔	現状・縮小

(4) マーケティング・ミックスとプロダクト・ライフ・サイクル（P.L.C.）

「プロダクト・ライフ・サイクル」（P.L.C.）が他の事業戦略（事業レベルの戦略）と異なるのは，これが純粋な意味での「事業戦略」ではないという点です．「プロダクト・ライフ・サイクル」は戦略の方法論を示したものではなく，単に時間の経過による市場変化（売上高や利益の増減）をグラフ（時間軸）上に表したものです．しかしながら，市場適応におけるマーケティング・ミックス策定の方向性を示すという点においては，「競争対抗戦略」や「ポートフォリオ戦略」と並びきわめて重要なツールなのです．さらには，本書の第6講で詳述する「戦略的マーケティングの修正」においても，「プロダクト・ライフ・サイクル」はマーケティング・ミックスの作り直しを行う上での重要なツールとなります．

さて，すでに述べたように，「プロダクト・ライフ・サイクル」を市場の状況を知るツールとする場合の注意点は2つあります．1つは，対象となる事

業・製品のカテゴリーを明確化するという点です．2つ目は，これを既存市場に当てはめるのか，新規市場創造のためのツールとするのかという点です．ここでは，市場を既存のものと見なして，「プロダクト・ライフ・サイクル」とマーケティング・ミックスの関わりについてみていきましょう．

　通常，大きく4つのステージに分かれる「プロダクト・ライフ・サイクル」ですが，筆者はこれを大きく前半と後半に分けて考えています．「導入期」と「成長期」が前半で，筆者はこれを「スタートアップ・ステージ」と呼んでいます．後半は「成熟期」と「衰退期」で，これらを「変更・修正ステージ」と呼ぶこととします．「導入期」におけるマーケティング・ミックス策定の目的は，製品（ブランド）の認知拡大です．そのためにはマーケティング手段の中でも，とくに「販売促進：Promotion」と「流通：Place」（販路）拡大に，多大な費用をかけなければなりません．定石としては，この段階では，製品の露出を多くし，販路を広げることによって，より多くの顧客を獲得しようとします．次に，「成長期」におけるマーケティング・ミックス策定の目的は，製品（ブランド）の差別化です．この時期においても，やはり同じく，「販売促進：Promotion」と「流通：Place」がマーケティング手段の中心となります．競合製品が増え，標的市場が相対的に狭隘化する中で，広告を効果的に使い，流通（販路）を選択・調整することにより，他との差別化を図らねばなりません．このようにみてくると，「スタートアップ・ステージ」においては，市場地位を確立するため，「販売促進：Promotion」と「流通：Place」に対して多大な経営資源を投下しなければならないことがわかります．さらに，ここでは書きませんでしたが，「導入期」よりさらに前の段階においては，当然のことながら，「新製品開発」に大きな初期コストを費やさねばなりません．一般的に，マーケティング・ミックス策定に過大な費用をかけざるを得ないのが，「スタートアップ・ステージ」なのです．

　では，後半の「変更・修正ステージ」（成熟期と衰退期）において，マーケティング・ミックスはどのように組み立てられるのでしょうか．これについて

は，次の第5講「戦略的マーケティングの変更と修正」の中で説明したいと思います．実は，戦略的マーケティングにおいて，最も"創造性"を必要とするのが，この変更と修正なのです．

注）
1）「購買生活観」および「ライフスタイル」については，以下の書を参考にした．
　野口智雄『現代小売流通の諸側面』千倉書房，1987年．
2）競争対抗戦略については，以下の書に詳しい．
　嶋口充輝『統合マーケティング』日本経済新聞社，1986年．
　嶋口充輝・石井淳蔵『現代マーケティング』有斐閣，1987年．

第5講
戦略的マーケティングの変更と修正

1．戦略的マーケティングの変更と修正に関する注意点

(1) 変更と修正に関する注意点

　第2講3．「戦略的マーケティングの『失敗』」で述べたように，戦略的マーケティングに「失敗」は付きものです．限られた時間と経営資源の中で，最適解を求めて試行錯誤を繰返し，目的を達成しようとするのが戦略的マーケティングです．また，あらゆる製品・サービスは必ずいつかP.L.C.上の成熟期を迎えます．市場適応を維持し，収益を増大させていくためには，「戦略的マーケティングの変更と修正」が不可欠となるのです．戦略的マーケティングの変更と修正の具体的方策について論じる前に，変更と修正に関する幾つかの注意点を押さえておきましょう．筆者は，戦略的マーケティングを変更もしくは修正するためのキーポイントは3つあると考えています．

〈戦略的マーケティングの変更と修正に関する注意点〉
　① 「戦略の変更」と「戦略の修正」の違いを認識すること
　② 「失敗の原因」と「失敗の結果」を見極めること
　③ 変更もしくは修正のためのコスト（費用）をしっかり管理すること

　上記①からみていきましょう．筆者は，戦略的マーケティングにおける「戦略の変更」と「戦略の修正」を異なる概念として捉えています．事業レベルにおける戦略を変更し，それに沿ってマーケティング・ミックスを再構築しようとするのが「戦略の変更」です．これに対し，市場適応をやり直すため，

マーケティング・ミックスの組み直し（マーケティング手段の修正）を行うのが「戦略の修正」です．「戦略の変更」を行うべきか，「戦略の修正」で済ませるべきか，これは市場の現状や経営資源の状況によって異なります．

　次に，注意点②をみてみましょう．これが問題となるのは，市場の成熟化ではなく，むしろ適応の失敗のケースにおいてです．第2講3．(4)においてすでに言及しましたが，マーケティング担当者は，適応失敗の「原因」とその失敗がもたらした「結果」とをしっかり峻別しなければなりません．当たり前のことですが，適応失敗時における「戦略の変更」や「戦略の修正」は，失敗の「原因」を排除するために行われるのです．失敗の「結果」を"覆す"あるいは"覆い隠す"ためになされるわけではありません．しかしながら，失敗の「結果」が企業経営に緊急かつ重大な影響を及ぼす場合は，当然その「結果」を修正しなければならないでしょう．しかし，中長期的な戦略的マーケティングの成功を考えた場合は，やはり対症療法ではなく，原因にメスを入れなければならないのです．

　注意点の③は，変更・修正のコストについてです．マーケティングROIというコスト評価基準についてはすでに説明しました．変更・修正の場合も，マーケティングROIの考え方を忘れてはなりません．失敗への対応がさらなる失敗を生む，いわゆる"再度の失敗"（過剰な再適応行動が惹き起こすコスト割れなど）は避けなければならないのです．

(2)　戦略の変更と戦略の修正

　戦略的マーケティングにおいて，市場が成熟期を迎えた場合，または市場適応に失敗した場合，企業は「戦略の変更」または「戦略の修正」を迫られます．前項でみたように，「戦略の変更」とは戦略そのものの方向性を変えようとすることで，いわば事業レベルの行動です．当然のことながら，各マーケティング手段の組み直しである「戦略の修正」に比べると多大なコストを必要とします．たとえば，「標準化」（Standardization）から「個別適応化」

(Adaptation) への変更, あるいはその逆の「個別適応化」から「標準化」への変更等が,「戦略の変更」の代表例です. 行き過ぎた「個別適応化」により, ある事業の収益性が大きく悪化した場合, 企業は「個別適応化」から「標準化」へと戦略をシフトさせます. 反対に,「標準化」を続けていたが, 市場のフラット化により当該標的から十分な売上を期待できなくなってしまった場合, 企業は「標準化」から「個別適応化」へと舵を切らねばなりません. この他,「アライアンス (企業・事業・ブランド協同) 戦略」も, 事業レベルの戦略と見なすことができます. アライアンスとは, 限られた経営資源の下, 上記「標準化」や「個別適応化」といった戦略を実現するために, 他社の企業・事業・ブランドとの協同関係を結ぶことです. 筆者は, アライアンスのような事業戦略も,「戦略の変更」に含めるべきと考えています. そして,「戦略の変更」において注意すべきは, 必ず標的市場の再設定をともなうということです (図5-1参照).

次に,「戦略の修正」について考えてみましょう.「戦略の修正」は2つのパターンに分けて考えることができます. 1つは,「標的市場の変化を伴う修正」. 2つ目は,「標的市場の変化を伴わない修正」です. まず「標的市場の変化を伴う修正」からみていきましょう. 標的市場への不適応が明らかになった場合, 企業は標的市場を再設定し, その後各マーケティング手段 (「製品」「価格」「流通」「販売促進」) の修正を行います. ここで気をつけたいのは, これらマーケティング手段のすべてに修正を加えるわけではないということです. 企

図5－1　戦略的マーケティングの「変更」と「修正」

変更「標準化」⇔「個別適応化」
修正「標的市場の変化」vs.「標的市場の変化なし」

- ・計画的陳腐化
- ・ブランド再構築

プロモーションによる修正 (T, P, C)

図5—2 「適応」の修正

ミックス（手段）修正？　市場修正？　どちらかを行うのではなく……

↓

市場（拡張・絞込み）修正＋ミックス（手段）修正　同時に

業はコスト上の優位性を確保しつつ，再度の市場適応を行わなければなりません．そのためには，これら手段のすべてに対してではなく，修正すべきマーケティング手段をいくつか選んで修正を加えることが必要となります．製品を改良するか？　価格を下げるか？　流通を選び直すか？　販売促進活動をどのように行うか？　市場への再適応を達成するために，どの手段を修正すべきか検討しなければならないのです（図5—2参照）．

　最後に，「標的市場の変化を伴わない修正」についてもみてみましょう．実際のところ，標的市場の変更を伴わない戦略的マーケティングの修正は多くの困難を伴います．これまでと何ら変わらない顧客層に対して，コストをかけてマーケティング手段を修正しても，スムースなターゲットフィットにはなかなか結び付き難いのです．そして，このようなマーケティング手段に対する経営資源投資の"無駄打ち"は，確実にマーケティングROIを悪化させます．遠回りのようでも，一度標的市場を設定し直して，それから改めてマーケティング手段を修正する方がより効果的といえるでしょう．次項では，変更と修正に関する注意点の2番目，「失敗の原因」と「失敗の結果」についてみていきましょう．

(3)　失敗の原因と失敗の結果

　この問題については，第2講3．(4)において触れました．市場適応に失敗した場合，企業は失敗の「結果」に目を向けがちです．そして，それら幾つかの企業は，失敗の「結果」を覆すための企業行動に出ようとします．厳密にい

えば，これは失敗の「結果」を"償う"行為であり，失敗の「原因」を"修正"するための行動ではありません．財務的な数字の悪化は企業経営に直接的なダメージを及ぼしますから，緊急かつ重大な「結果」が生じた場合はやむを得ないことかもしれません．しかし，たとえ「結果」を"償う"にせよ，失敗の「結果」と「原因」とをはっきり区別して認識しておくということがきわめて重要となります．このようなことは企業経営の常識で，あらゆる企業が当然のように実践していることと思われる方がいるかもしれません．しかし，実際は，マーケティングに失敗した多くの企業が，「結果」に対する"償い"と「原因」の"修正"を取り違えるという過ちを犯しています．なぜ，このような間違いを犯すのでしょうか？ 筆者は2つの理由を考えています．1つの理由としては，「慌てる」ということがあげられます．さらに，もう1つの理由としては，「長期的な戦略プランの不在」ということが考えられます．

　すでにみたように，「日本マクドナルド」は失敗の「結果」を償うために，「流通」（店舗）の削減を行いました．1995年から2003年にかけての数年間に猫の目のように価格を変え，その失敗の代償として既存店舗を大幅に削減した結果，この時期の日本マクドナルドのブランド・イメージは大きく損なわれました．これについては想像の域を超えませんが，日本マクドナルドは，この時，やはり慌てていたのだと思います．日本のマクドナルドの背後には，米国マクドナルド本社という巨大なステークホルダー（利害関係者）が存在しています．71億円の赤字は，米国本社にとって看過できないものだったでしょう．日本マクドナルドには，兎にも角にも，早急に赤字を黒字に転換しなければならない理由があったのです．もし，日本マクドナルドが，客単価が下がり始めた2000年の時点で長期的な戦略プランを打ち立て，標的の設定をやり直し，マーケティング・ミックスの再構築を行っていたら，どのような結果になっていたでしょうか？ ここまで大きな赤字を生まなくても済んだのかもしれません（付記：2004年，原田永幸社長のもと，日本マクドナルドは新しい戦略的マーケティングを実行に移し，大きな成功を収め，現在に至っています）．

「結果」の"償い"と「原因」の"修正"に関して、さらにもう1つ、気を付けなければならないことがあります。それは、これら2つの企業行動は、いずれも同じように4つのマーケティング手段を用いて行うということです。マーケティング手段は企業経営にとって最大のコスト・センターです。ゆえに、「結果」に対する"償い"(赤字の補塡など)の手っ取り早い効果的な方法は、マーケティング手段のコストを削減することなのです。日本マクドナルドもマーケティング手段(流通)を大幅に削ることで、赤字を補塡しようとしました。このように、「結果」の"償い"と「原因」の"修正"は、どちらも同じようにマーケティング手段を用いて行いますから、企業は自分たちの直面している問題が、失敗の「結果」なのか、失敗の「原因」なのか、どうしても区別がつき難くなってしまうのです。

(4) 変更と修正のためのコスト

最後に、注意点の3番目として、変更・修正のコストについて考えましょう。本項ですでにみてきたように、戦略的マーケティングにおける「戦略の変更」と「戦略の修正」には様々なやり方があります。しかし、いずれの方法も、マーケティング手段(「製品」「価格」「流通」「販売促進」)を組合せて用いるという点では共通しています。繰り返しますが、これらマーケティング手段は企業経営にとって最大のコスト・センターですから、「戦略の変更」と「戦略の修正」をいかに効率的に成しうるかによって戦略的マーケティングの成否が決まってくるのです。

では、戦略的マーケティングにおける「変更」および「修正」コストの妥当性はどのように測られるべきでしょうか? これについては、決定的な測定方法がないというのが実情です。きわめてシンプルな方法ですが、第2講2.(3)(4)で紹介したマーケティングROIの算出方法をもって測るのが最も妥当であると筆者は考えています。マーケティング手段を用いた戦略の「変更」と「修正」の結果、一定期間内の利益率がどれだけアップしたのかを測るのです。

ROIにより経営資源の投下効率を計測する場合には，計測期間をきちんと定めておかなければなりません．したがって，企業がマーケティング戦略の「変更」と「修正」を行う場合には，「変更」と「修正」による市場再適応活動の期間（タイムリミット）をしっかりとプランニングしておくことが不可欠となります．

　さて，「変更」および「修正」コストを把握する際の大まかな目安が，「製品」をマーケティング手段として用いるか否かです．もともと，経営活動の中で最も費用がかかるのがマーケティング手段の構築ですが，その中でもとくに支出が大きいのが，新製品開発・製品改良・モデルチェンジなどの「製品」に係る手段だからです．逆に，いっさい「製品」に手を加えずに，戦略の「変更」と「修正」を行うことができれば，ROIを低く抑えることが可能となり，競争優位性は大きく高まるでしょう．

　ここで，本項(2)でみた「変更」・「修正」の各パターンについて，コストの大小を確認しておきたいと思います．まず，最もコストがかかるのが「戦略の変更」です．標的市場の変化に合わせて，市場適応のレベルよりもさらに上位の事業レベルにおいて戦略を変更するわけですから，マーケティング・ミックス（手段の組合せ）および「製品」「価格」「流通」「販売促進」の各マーケティング手段は大きな変更を迫られます．次にコストがかかるのが，「標的市場の変化を伴う修正」で，「製品」を手段として用いるやり方です．「製品」に何らかの変更を加えることにより，結果的にマーケティング・ミックス全体の調整を行わねばならず，大きな費用が発生してしまいます．これに比べて，比較的費用がかからないのが，「標的市場の変化を伴う修正」で，「製品」を手段として用いないやり方です．この場合，マーケティング手段として，「製品」は用いませんが，「販売促進（プロモーション）」は利用します．筆者がみるところ，戦略的マーケティングの「修正」において最も競争優位性が高い方法が，この「標的市場の変化を伴う修正」＋「販売促進（プロモーション）」という方法です．

２．戦略的マーケティングの変更と修正の方法

(1) 戦略的マーケティングの変更

「変更」と「修正」の方法について，さらに考えてみましょう．まず，「変更」についてです．前項では，「戦略的マーケティングの変更」の例として，「標準化」から「個別適応化」への変更，そして「個別適応化」から「標準化」への変更について取上げました．

今日，日本で最も著名な外国車ブランドであるメルセデス・ベンツについて，考えてみてください．1970年代，この優れたドイツ企業は，高所得者層のみを標的市場に設定し，高価格帯の乗用車を販売していました．高級セダンに特化し，高所得者層を対象にブランドを確立していました．「価格」は高く，「販路」は限定的（一部の外国車ディーラーのみにて販売）．典型的な"高価格"「標準化」戦略です．しかし，ベンツは，1990年代に入り高級車市場が成熟化したとみるや，一転「個別適応化」へと戦略を変更します．1990年代には，200万円台のAクラス．2000年代に入ると，別ブランドで，戦略的な2人乗り軽自動車である「smart（スマート）」を発売します．現在では，遊び心溢れるSUVから，ワゴン車，スポーツカーとあらゆる車種をそろえ，価格も国産中級車並みの200万円台から2,000万円以上超高級ラインまで揃えています．現在（2010年11月）のキャンペーンテーマは，"299万円からのBクラス"です．標的市場と製品の変更に合わせ，自前の販路（ベンツのみを販売する専属のディーラー）を広げ，プロモーション（販売促進）にも力を入れています．同社は，高級車市場の成熟化をきっかけとして，これまで培ってきたブランド・イメージを武器に，より広範な市場を獲得する方向に戦略を「変更」させたのです．

逆に，「個別適応化」から「標準化」へと大きく戦略を変更させようとしているのが三菱自動車の軽自動車事業です．2010年現在，三菱の軽自動車のラインアップは「eKワゴン」「トッポ」「パジェロミニ」「アイ」「ミニキャブ／タウンボックス」「ミニカ」の6機種です．しかし，実際の生産・販売台数を

みると，eK ワゴンが OEM も含め 5 万台（うち OEM は 1 万 6 千台），商用車のミニキャブ／タウンボックスが 5 万 3 千台（同 2 万 2 千台）で，それ以外のモデルは 1 万台前後にとどまっているのが実情です．現在，同社は，これら軽自動車のラインを整理し，標的市場として今急拡大が見込まれる EV（電気自動車）市場や低燃費小型車市場を中心に戦略を「標準化」させようとしています．

上記，メルセデス・ベンツや三菱自動車の例からもわかるように，通常，「戦略の変更」に際しては，標的市場の再設定（標的市場の拡散もしくは絞り込み）が行われます．そして，再設定された標的市場にフィットさせるべく，新製品開発あるいは既存ラインの廃止が行われます．さらに，こうした中心的なマーケティング手段である「製品」の変更に合わせて，「価格」「販路」といった他のマーケティング手段にも大きな変更が加えられます．

このように，「戦略の変更」により，市場適応そのもののやり直しをしようとする場合は，「ターゲット・フィット」と同時に「ミックス・フィット」（マーケティング手段相互の適合を図ること）をも行わなければなりません．これは，いうまでもなく，経営資源全体の再配分活動であり，多大な費用を必要とするものなのです．

(2) アライアンスによる戦略的マーケティングの変更

さて，成熟期もしくは市場適応の失敗時において最も多大なコストを要するのが，戦略的マーケティングの「変更」であることは前項で述べました．それは市場適応レベルよりも上位の事業レベルにおいて行われますので，否応なしに，標的市場の設定および「製品」戦略に大きな影響を与えます．さらに「製品」に関する変更は，「価格」「流通」「販売促進」の各マーケティング手段にも大きな影響を及ぼします．結果として，企業はマーケティング・ミックス全体を新たな標的市場に合わせて再調整せざるを得ず，「変更」のための総コストはさらに増大します．最終的には，マーケティング ROI を大きく悪化させ，

競争優位性を大きく損ねる事態に成りかねません．

　こうした戦略的マーケティングの変更におけるコスト上の課題，すなわち"マーケティング手段に係るコストの増大"，"マーケティングROIの悪化"，"競争優位性の低下"といった諸課題に対する有効な対応策となりうるのが「アライアンス」です．「アライアンス」とは，辞書的な意味では，組織間あるいは企業間の「協同」あるいは「協業」のことです．「アライアンス」に関する意思決定は，普通，トップ・マネジメントの間で決定されます．ここでは，戦略的マーケティングの変更における「アライアンス」の注意点をみておきましょう．筆者は注意点として，次の3つを挙げたいと思います．そして，次節において，戦略的マーケティングの変更における「アライアンス」の具体例を紹介したいと思います．

〈「アライアンス」による戦略的マーケティング変更の注意点〉
　① 双方の企業にとって，戦略変更の目的が明確であること
　② 双方の企業にとって，現実に，標的市場の拡大もしくは変更が期待できること
　③ 双方の企業にとって，現実に，マーケティング手段のコストが大幅に削減可能なこと

　以上の3点が注意点です．いずれも一見すると，当たり前かつ簡単なことなので，意外に思われるかもしれません．しかし，実際，「アライアンス」による戦略的マーケティング変更において，上記がすべて守られているケースはそう多くありません．①の目的からみていきましょう．これは，「アライアンス」を実行することによって何が得られるか？　という問題です．言い換えれば，標的市場に変更を加え，マーケティング手段を変化させることにより，企業は何を獲得するのかということです．目的を明確に描けない以上，「アライアンス」による戦略的マーケティング変更の成功は難しいと考えなければなり

ません．②は，そうした「アライアンス」による戦略変更の結果，どのような方向に標的市場が拡大もしくは変更されるのか？　という問題についてです．標的市場はどう変わるのか，新たな標的市場"像"について企業は事前に明確に把握しておかなければなりません．次は，③のマーケティング手段のコスト削減についてです．4つに類型化される「製品」「価格」「流通（販路）」「販売促進（様々なプロモーション活動）」のうちの，どのコストをどのくらい削減するのか，企業はあらかじめ具体的に検討しておく必要があるのです．

(3) 戦略的マーケティングの修正（「製品」による修正）

次に，戦略的マーケティングの修正（「標的市場の変化を伴う修正」）について説明しましょう．戦略的マーケティングの修正は，新たな標的市場を選択し，それに合わせて幾つかのマーケティング手段を変化させることにより行います．原理的には，「製品」「価格」「流通（販路）」「販売促進」のどの手段を使うことも可能です．しかしながら，「価格」を用いた修正は利益を直接圧迫するだけではなく，製品のブランド・イメージに何らかの損害を与えるリスクも孕んでいます．とくに，"値下げ"による戦略の修正は，きわめて愚劣な方法であると知るべきでしょう（本来，これは戦略の修正とはいえないのですが……）．「価格」については，第8講において改めて詳述したいと思います．一方，「流通（販路）」という手段は，市場適応に際して他の各手段と密接に結び付いているので，動かし難いという問題があります．これについては，第9講で明らかにしたいと思います．以上から，筆者は，戦略的マーケティングの修正に際しては，「製品」もしくは「販売促進（様々なプロモーション活動）」を用いるべきと考えています．「製品」を用いた変更は，「計画的陳腐化」と「ブランド再構築」に分けることができます．これら2つの「製品」戦略の詳細は第7講において述べますので，ここでは「戦略」変更との係りについて押さえておきましょう．

「計画的陳腐化」とは，製品に変更を加え，現行の製品を文字通り"計画的

に"陳腐化してしまおうという製品戦略です．これには，単なるデザインの改変や付随的な機能の改良から，核心的な技術（製品に内蔵されているコア技術）の変更に至るまで，様々なレベルが存在しています．従来，「計画的陳腐化」は，プロダクト・ライフ・サイクル（P.L.C.）における単なる製品寿命延命策であると考えられてきました．成熟期の戦略であるという点においては戦略変更と変わりませんが，標的市場の再設定という考え方はどこにもなかったのです．筆者は，「計画的陳腐化」をあくまで，成熟期における戦略的マーケティングの変更手段とみなし，標的市場の再設定（拡大や変更）を伴うものとして捉えています．

　「製品」を用いた戦略変更の2つ目は，「ブランド再構築」です．「ブランド」が，同じ製品戦略でありながら「計画的陳腐化」と本質的に異なるのは，消費者の心理的側面に依拠している部分が大きいという点です．もちろん上記「計画的陳腐化」においても，戦略変更の目的は標的市場とマーケティング手段のフィットです．しかし，「計画的陳腐化」においては，消費者心理よりも，むしろ"製品をどう改良できるか？"というシーズ（製品が提供可能な利益）が中心的な概念となります．これに対し，「ブランド再構築」とは，消費者の頭の中（あるいは心の中？）にある製品に対する共通の価値観を変更させることに他なりません．そのために，ブランド名を変えたり，プロモーション活動を行ったり，全ブランド構造を改築したりと様々な具体的手段を実施するのです．

　「計画的陳腐化」「ブランド再構築」は，戦略の「変更」同様，「製品」を用いた市場再適応のためのオプションの一つです．次項で紹介する「プロモーション（販売促進活動）」による戦略修正も，やはり有力な市場再適応のための"オプション"の1つなのです．コスト（ROI）と市場適応度の双方を勘案しながら，最適な選択肢を選ばなければなりません．

(4) **戦略的マーケティングの修正（「プロモーション」による修正）**
　さて，本講1．の(4)ですでに述べたように，戦略的マーケティングの「修

正」において、最も競争優位性が高い方法が、この「標的市場の変化を伴う修正」＋「プロモーション」という方法です。ただし、これには、"「製品」戦略に大きな変更を加えない"という留保が付きます。ROI を悪化（低減化）させずに市場再適応を行うためには、モノとしての製品を変化させずに、「プロモーション」を用いて、新たな標的市場にフィットさせることが望まれます。しかしながら、「プロモーション」をツールとして用いさえすれば、市場再適応に際してのマーケティング投資効率を向上させることができるかといえば、必ずしもそうではありません。筆者がみるところ、「プロモーション」による戦略の修正には遵守すべき原則があり、これを無視すると、かえってマーケティング投資効率を悪化させかねない結果を招くようです。守るべき原則とは、次の３つです。

〈「プロモーション」による戦略的マーケティング修正の原則〉
　製品の……①　Target が明確であること
　　　　　　②　Positioning が明確であること
　　　　　　③　Concept が明確であること

　これら３つをその頭文字をとって、T，P，C［Target, Positioning, Concept］[1] と呼ぶことにします。T（ターゲット）とは文字通り標的市場のことです。標的市場はどのように変わるのか、まったく新たに設定するのか？　それとも、これまでの標的市場を拡大したものになるのか？　できる限り精緻に捉えられなければなりません。可能であれば、現在の標的市場との対比の中で、新たな標的市場の詳細を把握することが望まれます。
　P（ポジショニング）とは、製品の標的市場内における"位置付け"のことです。新たな標的市場が設定されたとしても、やはり競合製品は存在しています。それら競合製品と自社の製品がどう違うのか、いわば、差別性の源泉を明らかにしておく必要があります。

C (コンセプト) とは，製品を顧客にどう伝えるのか，その"売り文句"のことです．ターゲット（標的市場）をしっかり認識し，ポジショニング（標的内位置）を明らかにした上でなければ，コンセプトはできあがりません．

これら，3つの原則が守られて，はじめて「プロモーション」による戦略的マーケティング修正は実効的なものになります．さらに，「プロモーション」に特有の問題として，クリエイティブ（表現方法）の問題があります．どんなにT，P，Cが整っていても，メディア上のクリエイティブ（表現方法）が稚拙では，戦略的マーケティングの「変更」も目的通りにはいきません．しかしながら，この「表現方法」の問題は，コンテンツ・クリエイター個人の才能に依拠している部分が大きいので，本書においては取り扱わないこととします．次項では，本項における戦略的マーケティングの変更・修正方法の中から，とくに重要なものを取り上げ，その具体的なケースを紹介したいと思います．

3．戦略的マーケティングの変更と修正に関するショートケース（事例）

(1) アライアンスによる戦略の変更～スターバックスとカゴメ～

先述したように，戦略的マーケティングの変更は，手段の市場適応レベルではなく，事業レベルにおいて決断・実行されます．事業レベルでの戦略変更は，マーケティング・ミックス全体に大きな影響を及ぼします．結果として，マーケティング・コストは増大し，ROIまでもが低下する恐れが生じます．こうした場合に，マーケティング・コスト増大のリスクを低減化し，事業の競争優位性を維持・向上させうるのが，他企業との「アライアンス」です．ここでは，事例として，再度，「スターバックス」の事例を取り上げ，アライアンスによる戦略的マーケティングの変更について説明しましょう．

2007年，スターバックスコーヒージャパンは，カゴメ株式会社と100％ミックスジュース「be juicy!」を共同開発し，697店舗（1997年時）において発売を開始しました[2]．両社は，カゴメの企業理念（「感謝・自然・開かれた企業」）と

スターバックスが当時計画していた「心と体に健やかなメニュー」という考え方の一致が，アライアンスの理由としています．このアライアンスの特徴は，スターバックスのメニューに加えられるマンゴー＆オレンジ，ストロベリー＆バナナの2種類のミックスジュースは，すべて「KAGOME」ブランドで販売されるという点です．パッケージはこれまでのスターバックスのデザインとは異なり，「KAGOME」ブランドを強調する新しいデザインとなっています．

　本書で繰返し述べてきたように，「スターバックス」の変わらぬ基本戦略は，「標準化」です．標準化戦略の下，新たな市場を開拓するためには，他社とのアライアンスによる製品開発が不可欠でした．スターバックスは「ジュース」というカテゴリーを店内メニューに加えることにより，"コーヒー"を飲まない顧客層（ファミリー，健康志向の若い女性など）を獲得することができます．しかし，コーヒーチェーンとしてのスターバックス・ブランドを変更するつもりはありませんし，コーヒー以外の新製品の開発に多大なコストをかけたくありません．他社とのアライアンスによる標的市場の拡大とマーケティング・ミックスの再構成は，同社にとってきわめて当然の帰結だったのです．

　一方，カゴメは，自社ブランドの「be juicy!」を開発し，スターバックスの店内ですることにより，流行に敏感な都市若年層に「KAGOME」の企業ブランドを浸透させることが可能になります．このアライアンスは，本来，新製品開発による戦略変更のためのものですが，カゴメにとっては，新たな販路（販売チャネル）開拓の意味もあったのです．従来，カゴメは40代以上の年代に対して非常に大きなブランド浸透率を誇っていました．スターバックスとのアライアンスにより，流行に敏感な若い標的市場を新たに獲得し，戦略的マーケティングの変更を行うことが可能になったのです．

　このように，アライアンスの根本原則は，アライアンスが双方の企業に公平かつ十分な利益をもたらしうることです．さらに，それが成功するためには，前項で述べた「アライアンスによる戦略的マーケティング変更の注意点」（①目的の明確化　②標的市場の拡大　③コストの削減）も忘れてなりません．

(2) プロモーションによる修正～オロナミンC（導入期・成長期）～

マーケティング手段としての「プロモーション（Promotion）：販売促進」には，幾つかの種類があります．すなわち，「広告（CMを含む）」「販売促進（狭義の販売促進活動）」「人的販売」「広報（パブリシティ）」などです．これらプロモーションの下位に属するマーケティングの手段の組合せのことを，プロモーション・ミックスと呼びます．プロモーションの詳細については第10講で詳述しますので，ここではテレビCMを用いた戦略的マーケティングの修正について説明しましょう．

大塚製薬の「オロナミンCドリンク」[3]は，栄養ドリンクとしては，わが国で最もブランド認知度が高いものの一つです．この製品は1965年の発売から今日に至るまで，実に46年以上の長きにわたり販売され続けているいわばロングセラー製品です．「オロナミンCドリンク」の興味深い点は，この46年の間，キャップの形状が，王冠キャップ⇒スクリューキャップ⇒（引いて開ける）マキシキャップと3回変更しただけで，製品そのものは，原材料，味，品質，量，ボトルの形状，ラベルどれを取っても，ほとんど変わっていないことです．その間，多くの類似の栄養ドリンクやより高額な医薬系栄養ドリンクが出現し，さらに市場は完全に成熟期を迎えているにもかかわらず，「オロナミンCドリンク」は今なお好調に利益をあげています．これは間違いなく，コストのかかる「新製品」の発売や「製品」のモデルチェンジではなく，「プロモーション」による戦略的マーケティングの修正が製品の競争優位性を高めた結果であると筆者は考えています．

1970～1990年代にかけて，この製品のターゲット（T）は，"中高年の勤労者"といわれる人たちでした．いわば，"働き盛りのお父さんたち"です．ポジショニング（P）は"手軽な非医薬系の栄養ドリンク"です．他の飲料との差別性は，手軽に滋養強壮効果を得られるという点にあります．では，コンセプト（C）は何でしょうか？　コンセプトは"元気"です．つまり，この「オロナミンCドリンク」という製品の背景には，仕事と家庭生活に孤軍奮闘して

いた高度経済成長期における勤労者の生活があったのです（写真5－1参照）．当時のテレビCMのメイン・キャラクターは，プロ野球のジャイアンツ選手でした（正確には，1976年から）．おそらく40歳代以上の読者であれば，今でも「オロナミンCドリンク」からジャイアンツ選手を連想される方も多いでしょう．テレビCMでは，はじめにジャイアンツ選手の活躍がテレビに映し出されます．試合が終わり，彼らはシャワーを浴びて，さわやかな笑顔を見せます．選手たちは「オロナミンCドリンク」を片手にこう言います．「元気ハツラツ！オロナミンC！」上述の通り，1965年から1990年代にかけて，「オロナミンCドリンク」のT，P，Cはきわめて明確でした．成長期のT，P，Cは以下通りになります．

〈「オロナミンCドリンク」における1965年から1990年代のT, P, C〉
① Target（標的市場）：働き盛りの中高年
② Positioning（ポジショニング・製品の差別性）
　：手軽な非医薬系の栄養ドリンク
③ Concept（コンセプト）：元気

(3) **プロモーションによる修正～オロナミンC（成熟期）～**

さて，1965年に発売された「オロナミンCドリンク」ですが，1970年代にP.L.C.上の成長期を迎えます．そしてこの時期，様々な競合商品が登場します．この時期の競合製品は，主として，100～300円台の小型ボトル入りの非医薬系の栄養ドリンクでした．その後，1980年代になって，生薬成分を含んだ高額製品が数多く販売されるようになります．それらの多くは医薬系の栄養ドリンクとして，薬局や薬の量販店等で販売されていました．このように，数多くの競合製品が導入期から成長期にかけて登場しましたが，「オロナミンCドリンク」の売上は増加し続けていました．そして1981年には，年間10億本という記録的な販売数量を達成したのです．1970年代から1980年代の成長期

を通して,「オロナミンCドリンク」のT（標的市場：働き盛りの中高年），P（ポジショニング：手軽な非医薬系の栄養ドリンク），C（コンセプト：元気）は，類似の非医薬系栄養ドリンクに対しても，より高額な栄養ドリンクに対しても，きわめて有効に作用していたのです．とくに，"手軽な非医薬系の栄養ドリンク"というポジショニングはきわめて堅牢かつ差別性の高いもので，「オロナミンCドリンク」の認知度は際立っていました．

しかし，1990年代も後半に入り，市場の成熟化が顕著になってくると，大塚製薬は「オロナミンCドリンク」に関するマーケティングの方向転換を模索し始めます．そして2000年に入ると，標的市場への再適応をめざして，戦略的マーケティングの修正を決断します．成熟期における「オロナミンCドリンク」のT，P，Cは，次の通りです．まず，大塚製薬は，Target（標的市場）に"若年層"を加えました．学生，若年層ビジネスマン，OL．こういう消費者を顧客として取り込もうと考えたのです．Positioning（ポジショニング・差別化要因）は，ブランド鮮度の増大による，"自分たちの飲料"です．そして，Concept（コンセプト）においては，身体的な元気だけでなく，ストレスが多い世の中だからこそ内面的な"元気"を加えました．仕事に疲れ切った体に栄養成分を補給することに加え，スポーツや遊びや仕事の時の"リフレッシュ"の提供がこの製品の使命になりました．成熟期における「オロナミンCドリンク」のT，P，Cは，以下の通りです．前ページにおける成長期のT，P，Cと比較してみてください．

〈「オロナミンCドリンク」における2000年以降のT, P, C〉
① Target（標的市場）：若年層ビジネスマン（男女）や学生
② Positioning（ポジショニング・製品の差別性）
　：ブランド鮮度増大による自分たちの飲料
③ Concept（コンセプト）：身体的な元気だけでなく内面的な元気

写真5—1　　　　　　　写真5—2

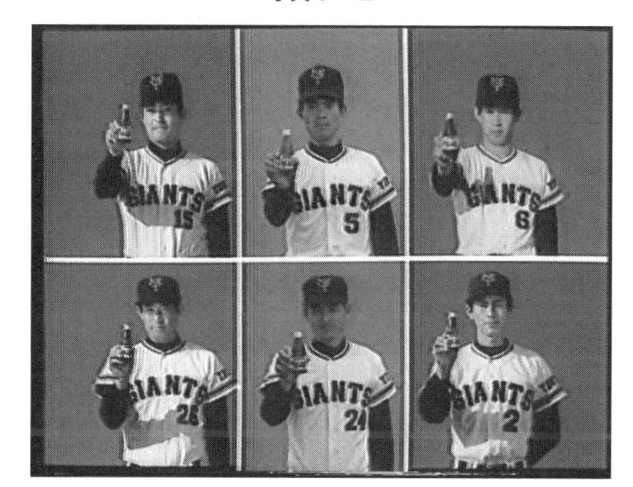

画像提供）大塚製薬株式会社

　T，P，Cを設定し直した上で，大塚製薬は，「オロナミンCドリンク」の戦略的マーケティングを広告（テレビCM）により修正しました．それまでのジャイアンツ選手に変わり，吉本系の若手お笑いタレントや好感度の高い女性タレントの上戸彩が起用されました（写真5—2参照）．

(4) プロモーションによる修正〜日清カップヌードル（成熟期）〜

　さて，いったん，話を前に戻しましょう．本講の冒頭で，戦略的マーケティングの変更と修正に関する注意点として，「変更もしくは修正のためのコストをしっかり管理すること」を取り上げました．そして，「修正」において最も競争優位性が高い方法が，「オロナミンCドリンク」にみるような，プロモーション手段を用いた戦略の修正なのです．

　では，ここで，プロモーション手段を用いた戦略的マーケティング修正のもう一つの成功事例として，「カップヌードル」[4]の事例を取り上げましょう．ご存じのように，「カップヌードル」は日本のインスタント食品あるいは加工食

品を代表する著名ブランドです．日清食品株式会社が，このブランドを発売したのは1971年です．「カップヌードル」の発売当初から成長期にかけてのポジショニングは，"手早く簡単に食べられるスナック"というものでした．この時期における，「カップヌードル」のT，P，Cは，次の通りです．

〈「カップヌードル」における成長期のT，P，C〉
① Target（標的市場）：軽い食べ物を欲している人（マス市場の中で）
② Positioning（ポジショニング・製品の差別性）
　：手早く簡単に食べられるスナック
③ Concept（コンセプト）：忙しく活動的な人に軽い食べ物を提供する

さて，カップ麺市場は，1990年代から成熟化していきました．成熟期に入ると，日清食品は，プロモーション手段（テレビCM）を用いた戦略的マーケティングの変更に着手します．キーワードは，"空腹"です．1993年にカンヌ国際CMフェスティバルでグランプリを受賞した「カップヌードル」のテレビCMを覚えている方も多いでしょう．極端に小さなミニ原始人がマンモスを追いかけるというテレビCMです．アートディレクターの大貫卓也氏が作ったこのテレビCMのメッセージは，ただ一言，「hungry?」（お腹空いた？）です．すべてのお腹の空いた人たちに，一食分のしっかりした食事を提供する．日清食品は，"手早く簡単に食べられるスナック"から，"空腹を満たす一食分の食事"へとポジショニングの変更を行ったのです．1990年代以降，成熟期のT，P，Cは，次の通りです（写真5—3参照）．

〈「カップヌードル」における成熟期のT，P，C〉
① Target（標的市場）：空腹なすべての人（マス市場の中で）
② Positioning（ポジショニング・製品の差別性）：美味しい一食分の食事
③ Concept（コンセプト）：空腹を満たす食事の提供

写真5−3

画像提供）日清食品株式会社

　戦略的マーケティングには失敗が付きものです．また，あらゆる市場はいつか必ず成熟期を迎えます．その際に，いかにROIを悪化させずに，戦略を「変更」もしくは「修正」しうるか？　オプション（選択肢）は幾つかあります．筆者は，企業の"創造性"が問われるのは，正にこの「戦略的マーケティングの変更・修正」においてであると考えています．

注）
1）T，P，C〔Target, Positioning, Concept〕については以下に詳しい．
　井徳正吾編著『広告ハンドブック』日本能率協会マネジメントセンター，2005年，pp.218-225.
2）以下の資料による．
　「カゴメとスターバックス，フルーツジュースを共同開発」『日経産業新聞』2007年5月29日付記事．
　　カゴメ株式会社　2007年5月10日付ニュースリリース「カゴメとスターバックスが共同開発 100%フルーツミックスジュース be juicy!（ビー・ジューシー）全国スターバックス店内メニューとして2品新発売」
3）「オロナミンC」のプロモーションについての記述は以下にもとづく．
　「CMの舞台裏　大塚製薬　オロナミンCドリンク」『宣伝会議』690号，2006年4月．
4）「カップヌードル」に関する記述は，以下にもとづく．
　井徳正吾編著，前掲書，2005年，pp.238-241.

第6講
製品戦略(その1)～製品レベルでの「標準化」と「個別適応化」～

1. 標準化と個別適応化をいかに捉え直すか

(1) 標準化と個別適応化を捉え直すための視点

「標準化」と「個別適応化」については，すでに第2講「戦略的マーケティングの考察枠組み」において，その概要を説明しました．また第5講では，「標準化」と「個別適応化」に関連して，戦略的マーケティングの「変更」について説明しました．「標準化」(Standardization：スタンダーディゼーション)とは，単一のマーケティング・ミックスを用いて複数の標的市場にアプローチしようとする考え方です．単一の組合せパターンで同時に複数の標的市場にアプローチするわけですから，費用をセーブすることが可能となり，競争優位性が発揮されます．しかしながら，当然，市場によっては適応不可能なものも出てきます．例を挙げれば，「スターバックス」の基本戦略がこの典型です．これに対し，「個別適応化」(Adaptation：アダプテーション)とは，標的市場分のマーケティング・ミックスを作成し，それら複数の標的市場に個別の組合せパターンを一つひとつ適応させていこうとする考え方です．市場不適応のリスクは激減しますが，標的の数だけ手段の組合せパターンを作らねばならず，競争上優位性が失われるリスクが発生します．前述の通り，「マクドナルド」の基本戦略はこれに沿ったものです．

さて，次に，第4講2．で明らかにした「マーケティング・ミックス策定における注意点」を思い出してください．筆者は，注意点の②において，「(マーケティング・ミックスは)複合的な一つの概念であるが，その中心にはあくまで［製品］が位置している」と述べました．マーケティング・ミックスを用い

た標的市場への適応は，マーケティング手段の"代表選手"である「製品」を中心に行われなければなりません．したがって，戦略的マーケティングにおいて「標準化」を採択するのか，あるいは「個別適応化」を採択するのか，あるいは両者を組合せるのか，こうした戦略上の意思決定は，まず始めに「製品」という手段に直接的な影響を及ぼします．そして，「製品」という手段の内容が定まれば，他のマーケティング・ミックス手段の内容と役割は従属的に決定されます．すなわち，戦略的マーケティングのきわめて重要な考察枠組みである「標準化」と「個別適応化」は，市場適応の方向性を示すものであると同時に，「製品」にとってきわめて重要な概念なのです．

本講では，「製品戦略」の立場から，これまでの「標準化」と「個別適応化」に関する考え方を捉え直してみたいと思います．そのためには，「標準化」と「個別適応化」について考察するための新たな視点が必要になると筆者は考えています．はじめに，それら3つの視点を提示し，次項以下でそれぞれの内容を説明していきます．

〈標準化と個別適応化を捉え直すための3つの視点〉
① 市場適応における戦略意志〜どのような市場適応を行うのか？〜
② 市場の文化的背景
③ 経営資源の再配分

⑵ **市場適応における戦略意志（どのような市場適応を行うのか？）**

「標準化」と「個別適応化」に対する視点の一番目は，「市場適応における戦略意志」です．「市場適応における戦略意志」とは，"いかなる標的市場に対して，いかなる製品を適応させるのか"に関して明文化された企業の「意志」（こころざし）という意味です．「意志」といっても，別に企業経営に関して精神論を語っているわけではありません．どのような製品戦略で市場適応を果たすのか，企業は事業のスタート・アップにあたって，「意図的なビジョン」を

もつべしということです．

「製品戦略」の展開に際して「標準化」「適応化」のどちらを選択すべきか，という問題については，これまで主として国際マーケティングの分野において，活発な議論が交わされてきました．これまでの一般的な理論は，外的環境（市場およびそれを取り巻く環境）の変化に応じて，「製品戦略」が受動的あるいは従属的に変化していくという考え方です．たとえば，国内で生産・販売を行っていた企業があるとします．やがて，国内市場の環境変化（不況やニーズ変化など）により生産余剰が発生します．企業は余剰分を海外に輸出します．この時点では，未だ製品は国内市場向けに「標準化」されたままです．次に，貿易摩擦や海外市場への不適応といった外的環境変化が勃発します．ここにおいて，企業はそれまでの輸出から海外における製品開発・生産・販売製品へと戦略の転換を行います．製品は海外市場に適応すべく，「個別適応化」されます．つまり，企業を取り巻く（市場環境を含めた）外的環境の変化により，「製品戦略」は，「標準化」⇒「個別適応化」と変更されているわけです．こうした環境変化による製品戦略の変更という考え方自体が間違っているわけではありません．筆者がいいたいのは，このように状況の変化により従属的に戦略を変更するのではなく，「意図的なビジョン」に沿って「製品戦略」を策定し，それに合わせて経営資源の調整活動を行った方が，はるかに市場適応がやりやすいということです．

「製品戦略」における「意図的なビジョン」の重要性を明らかにしたのが，根本孝ら[1]の研究です．根本らの研究によれば，多様性のある市場に適応しようとする企業は，事業のスタート・アップ時点において，「標準化」か「個別適応化」のいずれか一方を選択しなければなりません．たとえば，1970〜80年代の米国における日本車販売について考えてみましょう．この時代，日本の自動車メーカーは，成熟した米国市場において，低価格で「標準化」された高性能な自動車で市場適応するという「意図的なビジョン」をもっていました．そして，このビジョンを実現するために，経営資源の分配や調整活動を行い，自

動車の生産・流通・販売事業を本国で現地化しました．前出の「メルセデス」にも同じことがいえます．同社は，1970年代に日本の富裕層に的を絞り，高価格・高付加価値で「標準化」された自動車を販売し，大きな成功を収めました．「意図的なビジョン」に基づき「製品戦略」を策定し，スタート・アップ期に十分な収益を挙げた両社は，シェアをさらに拡大するために，次のステージでは「個別適応化」に舵を切ります．そこにあるのは，受動的な態度ではなく，積極的かつ自発的に「製品戦略」を構築し，経営資源の調整（たとえば，現地生産など）により利益を導出していこうとする態度です．

(3) 市場の文化的背景

「製品戦略」における「標準化」と「個別適応化」を理解するための2つ目の視点が，「市場の文化的背景[2]」です．"文化"は，きわめて抽象的かつ捉え難い概念です．ゆえに，社会科学を論ずる視点としては適切ではないと思われる方がいるかもしれません．しかしながら，実際，市場のセグメント分けに最も大きな影響を及ぼしているであろう遠因を探っていくと，必ず人間の消費者行動を規定している文化的な要因に突き当たります．戦略的マーケティング，とくに「製品戦略」は，こうした消費者行動の背後に潜む文化的背景と常に密接に結びついているのです．

たとえば，本書第2講において，「スターバックス」のコア顧客は"情報感度が高い都市居住者"であるとしました．そして，こうした顧客層には，「個別適応化」よりも「標準化」戦略が適切であると述べました．さらに，第4講において，こうした"情報感度の高い都市居住者"とは，一定の「ライフスタイル」を身に付けた消費者のグループのことであり，彼らの消費者行動を把握するためには，裏側に潜む文化的背景を理解しなければならないといいました．「製品戦略」を策定するためには，一見もっともかけ離れたテーマのようにみえる「市場の文化的背景」から理解しなければなりません．ここでは，文化的背景と消費者行動の関わりについて，相反する2つの理論をみておきたい

と思います．

　文化は，どのようにして消費者行動に影響を及ぼすのでしょうか．文化と市場の関わりについての研究が最も盛んなのは米国です．これについて，米国では2つの行動モデルが提示されています．1つ目は，レヴィン（Levin）の考え方です[3]．レヴィンは文化をあくまで"人間関係の中から生まれるもの"であるとし，性格や感情といった"個人的な要因"と対比させました．この考え方に基づけば，個人の消費者行動が文化によって直接的に規定されることはありません．これに対しては，グローバル市場における「製品戦略」に携わる研究者たちから疑義が唱えられています．なぜなら，グローバル市場における「製品戦略」（とくに「標準化」vs.「適応化」）策定にとって，文化が消費者個人に及ぼす影響はきわめて重大だからです．文化が消費者個人の行動や企業戦略に及ぼす影響力は，もっと強大であるはずだというわけです．

　ウォレス（Wallace）[4]は，これら研究者たちの意見を踏まえ，文化をもっと直接的に消費者行動と結び付けています．ウォレスの理論によれば，文化とは消費者の「性格」を形成する「力」であり，「性格」は消費者行動を規定します．つまり，文化は消費者行動の決定的な要素なのです．筆者は，本書における「製品戦略」（「標準化」vs.「個別適応化」）に関しては，文化のもつ"オールマイティ"な影響力を認め，ウォレスの理論を採用したいと思います．従来，多くの研究者が，グローバル市場は別として，国内市場とそこにおける「製品戦略」を論じる場合は，文化的な背景を"所与"の変数として扱ってきました．つまり，戦略策定の公式から外してきたのです．筆者は，そうした考えには与せず，国内市場における戦略策定においても，市場の文化的な背景を十分に考慮したいと思います．

(4) 経営資源の再配分

　「標準化」と「個別適応化」に対する視点の3つ目が「経営資源の再分配」です．いうまでもなく，「製品戦略」とは，いかなる製品が標的市場にフィッ

トするのか，製品の市場適応方法について考察しようとするものです．そして，「標準化」と「個別適応化」とは，市場適応レベルよりもさらに上位の事業レベルの戦略オプションであり，製品による市場適応の方向性を左右するものです．先述した通り，「標準化」と「個別適応化」を実行するに際しては，市場の"文化的背景"［上記，視点②］と「標準化」と「個別適応化」のどちらを選択するかという明確な"戦略意志"［上記，視点①］の存在が決め手になります．

さて，「標準化」・「個別適応化」のいずれを選択するにせよ，選択した"方向性"が未来永劫に渡って有効かといえば，けっしてそういうことはありません．第5講でみたように，市場が変化した場合，企業は標的市場の再設定を行い，戦略の方向性をも変更させます．こうした「標準化」⇔「個別適応化」という変更は，マーケティング・ミックス全体を新たな標的市場に合わせて変更させることに他ならず，非常にコストがかかります．マーケティングROIは悪化し，ひいては競争優位性を損ねる事態に成りかねません．そこで不可欠になるのが，「経営資源の再配分」なのです．ここでは，「経営資源の再配分」について概観し，その具体的内容については，本講2. および3. において詳述することにします．

「製品戦略」として「標準化」を選択しているケースについて考えてみましょう．イタリアの自動車メーカーである「フィアット」（Fiat）[5]は，粋なデザインとヨーロッパを代表する工業国ならではの高い技術力で知られています．この「フィアット」の輸出向け「製品戦略」はきわめてスマートな「標準化」に基づいています．「フィアット・ジャパン」（Fiat Japan）のサイトをみていただければわかると思いますが，同社の現在の製品ラインはきわめて限定的です．「フィアット・ジャパン」としての販売車種は，「フィアット・プント」（Fiat Punto），「フィアット・パンダ」（Fiat Panda），「フィアット・チンクェ・チェント」（Fiat 500）の3車種しかありません（2010年11月）．実は，日本以外の市場（たとえば，本国イタリア以外の欧州市場）においても，同社は「標準化」を採用

しており，やはり製品ラインはきわめて限定的です．「フィアット」(Fiat) の顧客層は，メルセデス・ベンツでもなく，ボルボでもなく，あえて"小型で，経済性に優れ，ファッショナブルな"イタリア車（いわゆる"イタ車"）が欲しいのです．機能とデザイン性に優れたイタリアの小型車というニッチな市場（狭隘な市場）が形成されているのです．この市場はニッチ（狭隘）でありますが，"日本から欧州まで"グローバルな規模で存在しています．そのことを熟知している「フィアット」は，低中価格帯の製品を主力ラインに据え，グローバルな規模で思い切った「標準化」を実行しているのです．

そして，同社のこうした製品「標準化」を可能にしているのが，ポーランドにおける低コストでの製品生産です．本国イタリアで生産していたのでは，世界的なスケールで，低中価格帯での「標準化」を行うことは不可能です．こうした「経営資源の再配分」は，従来の製造におけるコスト優位の考え方によるものではなく，あくまでも戦略的マーケティングにおける製品「標準化」を"支援"するために行われるのです．

2．標準化に基づく製品戦略

(1) マイケル・ポーターの製品戦略

「標準化」と「適応化」については，第2講「戦略的マーケティングの考察枠組み」においてその概略を説明し，第3講では「戦略的マーケティング変更」の主要課題として取り上げました．繰り返しますが，グローバルに多様化する市場に対応しなければならない今日の企業にとって，「標準化」と「適応化」をどのように実践するかはきわめて重要なテーマです．本項では，前項における3つの視点を踏まえ，「製品戦略」における「標準化」と「適応化」について考えたいと思います．本項では，本書ですでに紹介したマイケル・ポーター (Michael E. Porter) に加え，ポーターの教え子であるパンカジ・ゲマワット (Pankaj Ghemawat) の「製品戦略」に関する理論を取り上げたいと思いま

す．パンカジ・ゲマワット（Pankaj Ghemawat）は，近年，日本でもその戦略論がベストセラーになりましたから[6]，ご存知の方も多いかと思います．両者とも，"いかなる標的市場に対して，いかなる製品を適応させるのか"という企業の「戦略意志」を重要視する点において共通しています．ポーターの考え方はあくまでも製品の「標準化」をベースにしており，ゲマワットの理論は製品の「個別適応化」に基づいています．しかしながら，筆者がみるところ，彼らは私たちに絶対的な二者択一を私たちに迫っているわけではありません．これら2人の優れた現実主義者は，「製品戦略」に関して企業が取りうるオプションについて，非常に柔軟かつ折衷的な取り組み方法を提案しているのです．

「製品戦略」に関するポーターの考え方は，上記の通り「標準化」に依拠していますが，実際に「標準化」がふさわしいかどうかは，標的市場の特質によるとしています．たとえば，ポーターは，「新しい情報に対して旺盛な好奇心を抱いている」顧客層に対しては，「標準化」に基づく製品戦略が有効であると主張しています．標的市場がどのような市場かによって，製品戦略のあり方は異なってくるのです．これについては，やはり第2講2．において説明しました．そして，こうした標的市場の特性（個性）を論じるに際しては，「市場の文化的背景」を十分に理解しなければならないのです（図6－1参照）．

さらに，ポーターは，「製品戦略」を成功させるためには，「製品」という手段のみならず，「製品」「価格」「流通（販路）」「プロモーション」すべての手段を再検討し，どの手段をどのように用いて「製品戦略」に対する支援を行うかについて考えなければならないと述べています．このようなマーケティング手段の再構築のための「経営資源の再分配」も「標準化」に基づく「製品戦略」にとっては不可欠なのです（図6－2参照）．

以上の通り，マイケル・ポーターは明らかに"標準化信奉者"なのです．"合理的な""標準化信奉者"といってもよいかもしれません．情報メディアや情報端末の発達により，世界ではグローバル化が進み，各市場はますますフラット化してくる．だからこそ，「標準化」に基づく「製品戦略」が有効である

図6―1　戦略的マーケティングにおける標準化

ポーター（Michael E. Poter）の考え

「標的市場」の特性 ⇒
「製品」の特性 ⇒ 「標準化」の可否

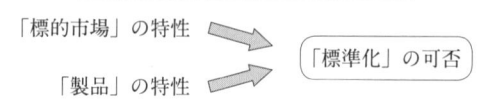

図6―2　「標準化」に基づく製品戦略

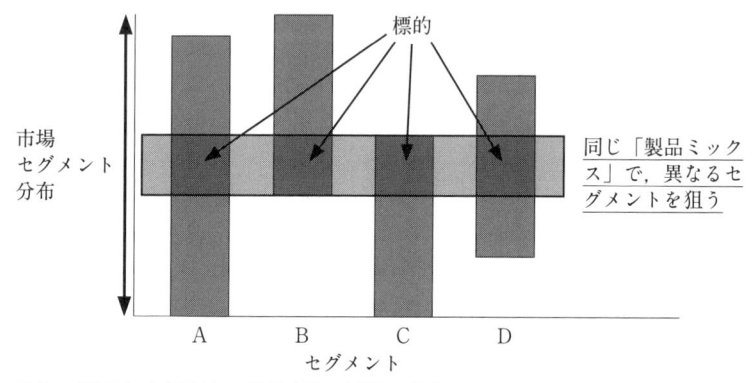

市場セグメント分布

標的

同じ「製品ミックス」で，異なるセグメントを狙う

A　B　C　D
セグメント

条件：（顧客）上層顧客，情報交換が活溌，業務用ユーザー
　　　（製品）技術性高い

出所）M. E. ポーター著，土岐坤，中辻萬治，小野寺武夫訳『グローバル企業の競争戦略』ダイヤモンド社，1989年，p.144の図に加筆

と，ポーターは説いています．では，次節以下において，「標準化」に基づく「製品戦略」の詳細について，「標的市場」および「他のマーケティング手段との係り」（経営資源の再配分）を中心にみていきましょう．

(2)　標準化にふさわしい標的市場

「標準化」（Standardization：スタンダーディゼーション）とは，限定的なマーケティング手段を用いて複数の標的市場にアプローチしようとする考え方です．単一の「製品」で複数の標的市場に適応することができれば，マーケティング・コストを大幅にセーブすることが可能になります．「製品戦略」における「標準化」を効果あらしめるためには，できる限り市場が"フラット化"して

いる必要があります．フラット化とは，各標的市場の個性に際だった差異がないということです．標的市場を構成する様々な要素が，各標的市場間において同質的であるということです．第4講において述べた市場細分化（セグメンテーション：Segmentation）のための基準を思い出してください．細分化基準には，居住地，居住地の気候，人口，人口密度，性別，年齢，所得，職業といった2次データとしての市場構成要素と，ライフスタイル，性格，購買量，購買頻度，広告への反応度，価格への反応度，商品へのロイヤルティ（忠誠度）といった1次データとしての市場構成要素がありました．各標的市場間において，これら要素の定量・定性的差異ができるだけ少ない方が，「製品戦略」の「標準化」はやりやすいわけです．幼稚な例えに思われるかもしれませんが，魚を獲ることを考えてみましょう．各漁場にできるだけ同じ種類，同じ大きさの魚がいれば，ばらまく餌の種類や使う漁網のタイプは少なくて済み，コストは下がります．

　マイケル・ポーターは，各標的市場における市場構成要素間の定量・定性的差異が少ない市場として，次の3つの市場を挙げています．

〈「標準化に基づく製品戦略」が行いやすい市場〉
　①　消費に関する"情報感度"が高い市場（高感度市場）
　②　上層市場（富裕層市場）
　③　産業財もしくは中間財の市場

　①の消費に関する"情報感度"が高い市場については，すでに第2講において述べました．「情報への好奇心」や「情報獲得のためのリテラシー能力」．これらの要素を備えた標的市場は，製品の「標準化」がしやすい市場といってよいでしょう．②は上層市場（富裕層市場）です．グローバルな市場を見渡してみると，国家イデオロギーや宗教上の違いは別として，各地域における富裕層市場は，そこにおける消費態度や消費行動がきわめて似通っていることがわ

かります．③は産業財もしくは中間財市場です．この市場は消費財と異なり，製品差異は「機能」「品質」「価格」に集中しています．ニーズや嗜好という消費者の"感情的"あるいは"人間的"要素は，標的市場の構成要素には成り得ません．当然，「機能」や「価格」に特化した製品の「標準化」が行いやすくなります．

さて，①の「高感度市場」および②の「上層市場（富裕層市場）」に属する各市場は，その成立において，共通の「文化的背景」をもっているケースが非常に多いのです．次項では，「高感度市場」の具体例を取り上げ，その背景を探ってみましょう．

(3) 高感度市場における標準化～アップルのケース～

では，「標準化」に基づく「製品戦略」が行いやすい「高感度市場」について，さらに考えてみましょう．「高感度市場」の代表格が，コンピュータや情報関連機器の市場です．ここでは，「高感度市場」において「標準化」ベースの「製品戦略」を成功させた企業として，「アップル」（Apple Inc.）を取り上げたいと思います．ご存知のように，「アップル」の製品カテゴリーはきわめて限定的です．パーソナルコンピュータの「マッキントッシュ」（Macintosh：いわゆるMac），携帯音楽プレーヤーのiPod，携帯電話のiPhone，タブレット型携帯端末のiPadと計4つの製品カテゴリーでグローバルな事業展開を行っています．カテゴリーそれぞれの製品ラインも限定的です．パソコンの「マッキントッシュ」（マック）には4つの製品ライン，iPodにも同じく4つのラインしかありません（2010年11月）．「アップル」は，過去においても，現在も，戦略的マーケティングの方向性として「標準化」を採用し，限られた手段で非常に効率的な市場適応を行っているのです．

こうしたアップルの「製品戦略」が成功した理由に，このブランド特有の「文化的背景」があることは否めません．初代「マッキントッシュ」が市場に投入された1980年当初から，このパソコンのユーザーは，「新しいもの好き」

で「流行に敏感な」人びとでした．そもそも，1980年の時点においてパソコンの個人ユーザーになる消費者は，新しいものを積極的に自分の生活に取り入れようとする"個人生活の改革者"（イノベーター）だったのです．「マッキントッシュ」自体もそうした先進的な消費者のニーズに応えるべく，使い勝手を重視した設計思想のもと，ワンボタンマウスなど単純で明快なインターフェースを備えていました．そして，こうした"個人生活の改革者"の大多数は，音楽業界，映像業界，出版業界，デザイン業界などに籍を置く都市居住者でした．「マッキントッシュ」は，都市部においてコンテンツ創造に従事する"個人生活の改革者"を標的市場として「標準化」を推し進め，パソコン市場成長期におけるコンテンツ創造のためのツールとして成長していったのです．こうした，アップルの「標準化」に基づく「製品戦略」は，米国のみならず，世界各地において成功を収めました．

こうした「文化的背景」にもとづく製品「標準化」の成功は，アップルがその後も継続して有する"プラスの遺産"というべきものでした．1990年代の低迷期を経て，1996年にスティーブ・ジョブズが同社に返り咲くと，ジョブズはこの"プラスの遺産"を生かして，さらに先進的な「標準化」戦略に着手します．"音楽"や"映像"をキーワードにファッショナブルな"ガジェット"（gadget：道具）を開発し，「標準化」したそれらの製品により，より広いマス市場へと入り込んでいったのです．2000年代に入りリリースされたiPod，iPhone，iPadは，初期「標準化」時代に培った"コンテンツ創造ツール"としてのアップル・コンピュータというブランド・イメージを十分に活用し，大きな成功を収めました．

明確な標的市場に対して「標準化」を行うという「戦略意志」，それを支える「文化的背景」．様々な紆余曲折があったにせよ，アップルの歴史は，（きわめてスマートな）「標準化」に基づく「製品戦略」のお手本といえるでしょう．

⑷　他のマーケティング手段を用いた標準化"支援"

　製品の「標準化」に成功すれば，企業は市場における競争優位性を獲得できます．しかしながら，「アップル」のように複数の「高感度市場」や「上層市場」を標的市場として選択し，さらに各標的市場の間に共通の「文化的背景」を見出し得たとしても，一部の顧客層のみを狙った戦略である以上，「標準化」には不適応発生のリスクが常に存在します．仮に，狙った顧客層以外の部分において不適応が発生した場合，当然のことながら，それは競合ブランドの参入を意味します．競合製品の参入から市場を守るためには，「標準化」を行いつつも，市場不適応が発生しないように，他のマーケティング手段（「製品」「価格」「流通」「プロモーション」）を用いた「標準化」の"支援"を行う必要があるのです．そして，他の手段による"支援"を行うためには，マーケティング手段に関する「経営資源の再配分」を行わなければなりません．通常は，「製品」「流通」「プロモーション（広告等）」の3つの中から最も効率的な手段を選んで，「標準化」の"支援"を行います．

〈「標準化」の支援策〉
① 　製品による「標準化」の支援
② 　流通による「標準化」の支援
③ 　プロモーション（広告等）による「標準化」の支援

　はじめに，①の「製品」による「標準化」支援についてみてみましょう．このやり方としては，まず，本項1．⑷のイタリアのフィアット社のケースでみたような，製品生産体制の変更があげられます．生活水準も所得も様々なグローバルな市場で製品の「標準化」を行うためには，よりコストの安い場所に生産拠点を集約しなければなりません．次に，製品そのものの"改良"があげられます．マクドナルドはこの5～7年間で，かつての「個別適応化」から「標準化」へと大きく舵を切り，マーケティング・コストの効率化を図ってい

ます(少なくとも筆者はそうみています).しかしながら,グローバルな規模での全面的「標準化」ではなく,文化的な特殊性が強い市場においては,製品改良による「標準化」支援を行っています.インドのマクドナルド店舗では,あまりにも有名な,ビッグ・マックならぬ"マハラジャ・マック"が販売されています.現地の文化と嗜好に適応させたこの商品の正体は,ビッグ・マックを"改良"した羊肉バーガーです.

　②の流通による「標準化」支援の事例としては,やはり「アップル」があげられるでしょう.アップルは,マイクロソフト(Microsoft Corporation)とは異なり,直営店舗アップル・ストア(Apple Store)に力を入れています.先にみたように,アップルは,音楽や映像を手軽に楽しめる"ガジェット"を中心に製品の「標準化」を行っています.4種類のアップル製品を使いこなし,いつでもどこでもシームレスに,音楽や映像が楽しめること.その楽しさを"非Macユーザー"にも,広く知らしめようとするのが,直営店舗アップル・ストアの役割なのです.

3．個別適応化に基づく製品戦略

(1) パンカジ・ゲマワットの製品戦略

　次に,パンカジ・ゲマワット(Pankaj Ghemawat)の「製品戦略」に関する理論を取り上げたいと思います.パンカジ・ゲマワットは,前出のマイケル・ポーターの誘いにより,若干23歳でハーバード・ビジネススクールの教授になった気鋭の研究者です.ゲマワットも,ポーターも,「標準化」あるいは「個別適応化」に際しては,受け身ではなく,自発的な戦略策定(「戦略意志」)を重視するという点において同じです.しかしながら,ゲマワットは,製品戦略の方向性については,ポーターと異なる考え方を提示しています.決定的な違いは,彼がポーターのような「標準化」の信奉者ではないという点です.「文化的背景」により市場をセグメント化し,製品の「標準化」を行い,部分的な

不適応については他のマーケティング手段で調整する（「経営資源の再配分」を行う）というポーターの方法とは，理論の出発点において相容れないのです．では，ゲマワットは「個別適応化」の信奉者なのでしょうか？　いかにも彼は，「個別適応化」を志向しています．しかしながら，ゲマワットの考え方は「個別適応化」そのものではありません．むしろ，「個別適応化」を実現するための新しいアイディア，もしくはその"変容形"ともいうべきものなのです．

　そもそも，ゲマワットの理論は，ポーターとは異なり，今後いかに情報社会が進展し，経済がグローバル化したとしても，社会基層としての文化的差異が存在する限り，けっして市場は"フラット化"しないという前提から出発しています．このような市場を，ゲマワットは，「セミ・グローバル市場」と呼んでいます．ある部分（文化的に）では同質的であるが，他の部分では異質であり，それらがまだら模様のように入り組んでいるのが，今日の市場なのです．こうした「セミ・グローバル市場」という市場の捉え方は以前からありました．しかし，従来の研究者は，このような市場に対しては，"画一的な戦略"を"大規模に"展開することにより対応すべきであると説明してきたのです．いわば，高コストの世界「標準化」により対応してきたのです．しかしながら，ゲマワットのアイディアは違います．文化的差異により色分けされる市場を幾つかのグループに分割し，事業レベルの「個別適応化」をグループ毎に行う一方，グループ内部においては製品の「標準化」を行うというやり方です．そのためには，すでに述べたような「生産拠点の集約」「製品を含めたマーケティング手段による支援」といった「経営資源の再分配」も不可欠です．そして，こうした戦略概念を，ゲマワットは，「セミ・グローバル戦略」と呼んでいます．

　米国のコンサルタント会社「パンテア」の創業者であるニコス・ムルコギアスは，ゲマワットの戦略理論に対して，その著書への賛辞という形で，ユニークな寸評を行っています．「ゲマワットは，異端審問を受けたガリレオ・ガリレイと同様，"それでも地球は回っている"と言わずにはいられないのだ．市

場はフラットである……と思い込んでいる人も世の中にはいるだろう．しかし，ゲマワットはそうは考えない．」「彼（ゲマワット）の戦略は魅力的だ……戦略とは，マラソンとサラミスの戦いで生まれたもので，小さいものが大きなものに，少ないものが多いものに……時として勝つためのものである[7]．」

(2) セミ・グローバル戦略（個別適応化の"変容形"）

　ポーターは，製品の「標準化」を行いやすい市場として，「高感度市場」を挙げました．そして，新しい情報を収集することに熱心な顧客層や情報リテラシー能力が高い顧客層に対しては，「標準化」にもとづく製品戦略が有効であると説きました．しかし，筆者はこうしたポーターの「標準化」の考え方には，"複数の標的市場の中に，そのような製品「標準化」が可能な一定ボリュームの顧客層が，確実に存在する場合"という留保が付くと思います．先述のスターバックスや，アップルの「マッキントッシュ」の場合は，"オープンカフェを好むコーヒー愛好者"や"音楽や映像を簡単に楽しみたいコンピュータ・ユーザー"が各地域の市場に確実に存在しています．彼らの多くは，"情報感度の高い若年都市中間層"といってよいでしょう．こうした市場には，間違いなく，純粋の製品「標準化」か，他のマーケティング手段により支援された製品「標準化」が有効です．

　しかしながら，市場全体の規模が大き過ぎる場合や，市場基層としての文化的差異が大き過ぎる場合には，各市場に上述のような"情報感度の高い"同質の顧客層が必ず存在しているとは限りません．次節で詳しく述べますが，市場全体規模が大きく，各市場の文化的差異が大きい市場の代表例として，加工食品市場が挙げられます．加工食品市場は，ローコストのボリュームマーケットが中心の大衆的な市場でもあります．つまり，加工食品市場は，各標的市場に同質かつ一定ボリュームの顧客層が確実に存在するとは限らない市場なのです．もちろん製品の「標準化」に成功している食品企業もいくつか存在します．しかし，そうした企業は「標準化」とその支援策のために莫大なマーケテ

ィング・コストを投入することが可能な大企業か，やはり多大なコストを費やした結果，ブランドを確立し終えた企業なのです．通常，市場全体の規模が大きく，かつ各標的市場の文化的差異があまりに大きい場合は，私たちは「標準化」ベースの製品戦略をいったん忘れる必要があるのです．そして，そうした場合に採るべき戦略が「セミ・グローバル戦略」です．それは「個別適応化」に軸足を置いた，「個別適応化」の"変容形"といってもよいでしょう．

　しかしながら，筆者がみるところ，こうした「セミ・グローバル市場」や「セミ・グローバル戦略」の考え方に異をとなえる人びとも大勢います．このような人びとを何と呼ぶべきでしょうか？　"グローバリゼーション信奉者"でしょうか？　彼らの多くは，インターネットの発達と情報端末の普及に注目しています．コミュニケーション技術が文化を平準化させ，市場をもフラット化させると考えているのです．だからといって，彼らの考えるように，すぐに「標準化」にもとづく製品戦略がグローバルなすべての市場に通用するかといえば，そういうことにはなりません．前項(2)でみたように，「標準化」論者のポーターでさえ，製品の「標準化」には一定の前提条件を付与しているのです．

　次節では，まず「標準化」の具体例を取り上げたいと思います．そして，それを踏まえつつ，それとの対比において，次々節では「個別適応化」の"変容形"である「セミ・グローバル戦略」の事例についても考察したいと思います．

(3) 他の手段を用いた標準化"支援"のショートケース（事例）
　　　～ヤクルト（ベトナム）～

　前節で述べた市場規模が巨大で，社会基層の差異が大きい市場の一つが，グローバルな加工食品市場です．ここでは，グローバルな加工食品市場における製品の「標準化」と「セミ・グローバル戦略」についてみていきたいと思います．すでにみたように，これら2つの戦略は，製品戦略が「マーケティング手段による支援」ないしは「生産拠点の集約」といった経営資源の再分配により

補強された結果，生まれたものであり，いずれも製品戦略の"変容形"であるという点において共通しています．両者の違いは，"標準化か？"あるいは"個別適応化か？"という，もともとの「戦略意志」の相違です．

　ヤクルト（株式会社ヤクルト本社[8]）は，乳酸菌飲料を主力商品とする飲料メーカーとして，日本におけるトップブランドを確立しています．同社は，同時に海外事業展開にも積極的で，現在（2010年11月），26の国と地域で乳酸菌飲料「ヤクルト」を販売しています．同社は，2006年，ベトナムに現地事業体（ベトナムヤクルト株式会社：Yakult Vietnam Co., Ltd.）を設立し，2008年に「ヤクルト」の生産・販売を開始しました．ヤクルトは，グローバル市場において，「標準化」にもとづく製品戦略を徹底して行うことで知られています．ベトナムにおいても，日本本国およびすでに進出済の周辺アジア諸国と同様のマーケティング・ミックス（「製品」「価格」「流通」「プロモーション」）を展開しました．製品は同社の主力商品である乳酸飲料の「ヤクルト」．「流通」の主力は"ヤクルト・レディ"です．"ヤクルト・レディ"は，まさに同社のグローバルなマーケティング手段「標準化」の象徴ということができるでしょう．世界32の国と地域における"ヤクルト・レディ"の販売力が，同社のグローバルな躍進を支えてきました．こうした「標準化」は，同社がすでにアジア地域においてブランドを確立し，一定のシェアを確保しているからこそできることです．

　さて，ヤクルトは，8,000万以上の人口を抱え，6〜8％の高い経済成長率を続けるベトナムにおいても，「標準化」を強力に推し進めようとしました．ヤクルト・ブランドにとっては，ベトナム市場もグローバルに広がる「フラットな市場」の一部分に思われたのです．しかし，結局のところ，同社は，「標準化」戦略を修正させざるを得ませんでした．なぜでしょうか．問題は，ブランドの認知度でした．「宅配チャネル」は高いブランド認知度があって初めて機能する流通戦略です．ベトナム市場においては，「ヤクルト」には未だ十分なブランド認知がありませんでした．もちろん，アジア全体においては，高いブランド認知度を誇る同社の製品「標準化」は十分に機能しています．しか

し，同社は，未だブランド認知度が低いベトナム市場においては，従来の流通手段である「宅配チャネル」に「店頭チャネル」を加えることによる「標準化」の"支援"を行わざるを得なかったのです．現在，ベトナムにおけるヤクルトの製品「標準化」＋「店頭チャネル」という戦略は，成功をおさめつつあります．「標準化」を"変容"させることにより，同社は成功を掴んだのです．

(4) セミ・グローバル戦略のショートケース（事例）
〜エースコック㈱〜

同じく，独自の食文化をもつベトナム市場において戦略的マーケティングを実践している企業に「エースコック株式会社[9]」があります．エースコックは前節で紹介したヤクルトとは異なり，製品戦略の出発点において「個別適応化」を志向しています．エースコックにとって，ベトナム事業は唯一の海外事業（現地製造・販売）拠点です．同じ食品大手のヤクルトや味の素のように，アジア全域における事業ポートフォリオを構築しているわけではありません．必然的に，強い「戦略意志」のもと，ベトナム市場への「個別適応化」を図らなければならないのです．

エースコックベトナムは1993年に設立されました．現在のベトナムにおける同社の即席めん販売実績は年間26億食，ベトナム国内に6工場を有し，4,300名の現地スタッフを抱えるまでに成長しました．同社のベトナムにおける事業の特徴は，現地の食文化に徹底的に順応させた，製品の「セミ・グローバル戦略」（「個別適応化」の"変容形"）です．

一般に，食品企業が「個別適応化」にもとづく製品戦略を行う場合には，2つの方法が考えられます．1つは現地における食文化を"ヒント"に，現地標的市場のニーズに合わせた製品を開発することです．もう1つの開発方法[10]は，現地における一般的かつ伝統的な食品をそのまま加工食品化することです．エースコックは，この後者の戦略を採用しました．ベトナムを代表する伝統的大衆食である米の麺「フォー」をインスタント食品として開発・販売したので

す．主力ブランドの「ハオハオ（Hao Hao）」は，日本円で5円から6円前後とベトナムの大衆的な市場に照準を合わせた買いやすい価格となっています．味についても，ベトナム人が普段食べている「フォー」の味と同じものになっています．果たして「ハオハオ」は，ベトナム全土を席巻する大ヒット商品になりました．今や，エースコックベトナムの売上は，グループ全体の売上の3割を占めるまでになっています．

では，エースコックは，現地の食生活を忠実に再現した製品を開発・販売することにより，容易に「個別適応化」を成功させたのでしょうか？　実際のところ，その道のりは決して平坦なものではありませんでした．当時，ベトナム市場において，「個別適応化」のボトルネックになったのが全国的流通網の構築の問題でした．日本のような全国的食品卸売業が存在しないベトナムにおいて，ベトナム全土津々浦々まで商品を流通させるのは至難の業だったのです．マス・マーケットに短期間で一気に商品現物を分散し得なければ，製品の「個別適応化」は実現できません．そこで，エースコックは，ベトナム全土の小規模販売店への地道な営業活動を始めました．こうした販路開拓のための地道な

写真6−1

画像提供）エースコック株式会社

努力の結果,ベトナム全土600以上の小規模小売店の店頭に「ハオハオ」は置かれるようになりました.その結果,「ハオハオ」という製品は,ベトナムの大衆市場への完全な適応に成功したのです.エースコックは,ベトナム市場において,「流通」というマーケティング手段による支援のもと,製品の「個別適応化」を果たしました.すなわち,エースコックのベトナムにおける市場適応は,製品「個別適応化」+「店頭チャネル」戦略により成功を収めたのです.

注)
1) 根本孝,諸上茂登『国際経営の進化』学文社,1994年,p.44.
2) 「市場の文化的背景」に関してはA. C. サムリ(A. C. Samli)著作を参考にした.
   A. C. サムリ(A. C. Samli)阿部真也・山本久義監訳『国際的消費者行動論』九州大学出版会,2010年.
3) Levin, Kurt, *The Conceptual Representation and Measurement of Psychological Forces,* Duke University Press, 1938.
4) Wallace, A. F. C., *Culture and Personality,* Random House, 1964.
5) フィアットグループ オートモビルズ ジャパン ホームページより.
   http://www.fiat-auto.co.jp/
6) ゲマワットの戦略論は,以下の書に詳しい.
   パンカジ・ゲマワット(Pankaj Ghemawat),望月衛訳『コークの味は国ごとに違うべきか』(原題:*Redefining Global Strategy: Crossing Borders in a World Where Differences still Matter*)文藝春秋,2009年.
7) パンカジ・ゲマワット(Pankaj Ghemawat),前掲書,pp.8-9より抜粋.
8),9)「株式会社ヤクルト」および「エースコック株式会社」の記述は,筆者が調査団長として参加した㈶食品産業センターによるベトナム食品マーケット事情調査にもとづく.㈶食品産業センター「ベトナム食品マーケット事情調査報告書」2009年.
10) アジアマーケット研究家 アジア光俊氏の知見による.
   同氏には,上記ベトナムマーケット調査において大変お世話になり,かつ本書執筆に際し,日系食品企業のアジア市場適応に関する様々なご意見をいただいた.
   http://tanukida.exblog.jp/

第7講
製品戦略(その2)～ブランド戦略～

1. ブランドの考え方

(1) ブランドとは何か

　戦略的マーケティングにおける製品戦略の2つ目は「ブランド戦略」です．本講では，はじめに「ブランドについての基本理解」を踏まえた上で，市場適応におけるブランドの役割について明らかにしたいと思います．ブランドとは何でしょうか？　優れたブランド戦略とはどのようなものでしょうか？　今日まで，これらの問いに対する様々な議論が研究者や実務家の間で交わされてきました．それらの議論のいくつかは，ブランドそのものの本質を探究しようとするがあまり，戦略的マーケティングの基本枠組みから外れ，実用性のない"観念のお遊び"になってしまっています．本書では，ブランドをあくまで戦略的マーケティングにおける市場適応の手段（ツール）として捉え，市場適応の策定・変更・修正において，どのように製品戦略を創造すべきかについて考えてみたいと思います．本書における「ブランドについての基本理解」は下記の通りです．

〈ブランドについての基本理解〉
　① マーケティング手段の一つであること
　② 他のマーケティング手段との係りが深いこと（とくに，「価格」と「流通」）
　③ 顧客の価値観との係りが深いこと

　ブランドとは，第一義的には，製品というマーケティング手段の構成要素で

す．それは品質・機能・デザイン・パッケージ等と一緒に，製品ミックスを構成しています．そういう意味で，やはりブランドは製品の一部であり，ブランド戦略は製品戦略に包括される概念ということができるでしょう．ここで忘れてならないのは，上記①の通り，ブランドとはあくまでも市場適応の際の"手段"の一つであるという点です．"手段"である以上，他のマーケティング手段（ブランド以外の製品構成要素，価格，流通，プロモーション）と組合せることにより，戦略的な市場適応に用いられます．すなわち，上記②にあるように，ブランドは常に「価格」や「流通」といった他のマーケティング手段とフィット（ミックス・フィット）していなければならないのです．次に，「基本理解」の③は，ブランドと顧客の抱く価値観との結び付きについてです．ブランドが他のマーケティング手段と大きく異なっているのは，それが顧客や消費者が所有する価値と深く結びついている点です．戦略的マーケティングの手段としてのブランドは，顧客や消費者の脳裏において，一定の価値観や価値意識と結び付いているのです．そして，こうした製品に対する価値観とブランドの関わりを考察するためには，ブランドのもつ心理的側面をさらに検討する必要があります．ブランドのもつ心理的側面を明らかにするために，次項以下では，「ブランド・アイデンティティ」，「ブランド・エクイティ」，「ブランド・ストラクチャー」の3つの概念についてみていきましょう．

(2) ブランド・アイデンティティ

　上述したように，ブランドは他のマーケティング手段と異なり，顧客や消費者の価値観と深く結びついています．ブランドという手段を戦略的マーケティングもしくは製品戦略の手段として用いるに際しては，企業がブランドにいかなる価値を付与しているのか？　あるいは消費者はそのブランドにどのような価値を見出しているのかといった点を明らかにしなければなりません．"企業側が所有するブランド価値"と"消費者側が所有するブランド価値"をしっかり把握しておく必要があるのです．一般に，消費者側のブランド価値は，企

業側のブランド価値に従って形づくられます．そして，企業が所有し，製品に付与するブランド価値の源泉のことを「ブランド・アイデンティティ」と呼びます．

一般に，企業が「ブランド・アイデンティティ」(Brand Identity)を所有するに際しては，いくつかの注意点が存在します．5つの注意点[1]を以下にあげておきたいと思います．

〈ブランド・アイデンティティ（ブランド価値の源泉）を構築・所有する際の注意点〉
- 製品が提供する具体的価値を的確に表現していること
- 製品差別性の根拠となりうること
- 顧客への訴求ポイントが明確であること
- 価値として受け入れられる普遍的特質をもっていること
- 企業内において"事業に不可欠な基礎知識"として完全に共有されていること

これまで，多くの研究者や実務家から，ブランド・アイデンティティに関する様々な考え方が提示されてきましたが，いずれも抽象的過ぎたり，文学的に表現されていたりで，なかなか実務上の参考にはなりませんでした．上記5つの注意点はそうしたこれまでの考え方を踏まえ，筆者が改変・追加したものです．この中で戦略的マーケティング上，とくに重要と思われるのが，5番目の（ブランド・アイデンティティが）「企業内において"事業に不可欠な基礎知識"として完全に共有されていること」です．

第3講の［組織］において述べたように，戦略的マーケティングを実行するためには，全組織が利益獲得という共通の目的の実現に向けて一致して市場適応行動を行わなければなりません．そこにおいて重要となるのは，適応行動のためのマーケティング情報の共有です．製品の具体的価値を表現したものであ

り，製品差別性の根源でもある「ブランド・アイデンティティ」は，最高経営責任者から新入社員に至るまで，すべての社員に共有されていなければならないのです．同時に「ブランド・アイデンティティ」には，戦略プロセスの出発点である「企業の経営理念」(Policy) との整合性も求められます．

　戦略的マーケティングを実践しようとする企業は，市場適応の変更と修正において，製品が提供する価値そのものを変革することがあります．こうした場合，通常は，ブランド・アイデンティティの"再定義"が行われます．後述の本講3．では，ソニーの事例を踏まえ，ブランド・アイデンティティの"再定義"について説明したいと思います．

(3) ブランド・エクイティ

　ブランドのもつ心理的側面を考える時，「ブランド・アイデンティティ」と並んで重要になるのが「ブランド・エクイティ」(Brand Equity) の概念です．ブランド・エクイティの考え方は，「カスタマー・エクイティ」(Customer Equity)[2] の考え方から発展したものです．そもそも「エクイティ」(Equity) とは，財務会計上の概念であり，「資産」を意味する用語です．企業の資産には土地・建物，工場・設備，金融資産，製品（在庫），人材と様々ありますが，「カスタマー・エクイティ」（顧客資産）とは"顧客"そのものを企業の"資産"として捉えようとする考え方です．利益を生み出してくれる以上，顧客は最も重要な企業の資産であるというわけです．そして，「カスタマー・エクイティ」（顧客資産）概念の中核を成すのが「ブランド・エクイティ」（ブランド資産）の概念です．前節で述べた「ブランド・アイデンティティ」は企業が構築・所有し，ブランド価値の源泉となるものでした．これに対して，「ブランド・エクイティ」は常に個々の消費者に所有されています．

　以上からもわかるように，「ブランド・エクイティ」の概念はきわめて抽象性が高いもので，この言葉自体の意味に拘泥していると，戦略的マーケティングの枠組みから外れ，考察そのものが実用性のない"観念の遊戯"になってし

まう恐れがあります．しかし，「ブランド・エクイティ」の考え方は，先の「ブランド・アイデンティティ」ならびに次節における「ブランド・ストラクチャー（体系化）」とともに，戦略的マーケティングにおけるブランド戦略（製品戦略としての）にとって必要欠くべからざる基礎概念なのです．なぜなら，「ブランド・エクイティ」は消費者に所有されていて，消費者の商品選択行動や購買行動を誘発していると考えられているからです．筆者は，行動誘発因としての「ブランド・エクイティ」には，大きく３つの働きがあると考えています．

〈ブランド・エクイティがもつ３つの行動誘発因〉
① 差別化「この商品は，やっぱり他とは違う！」
② 愛顧「この商品は，自分の人生や生活にとって特別な物だ！」
③ 継続「やっぱり，買うならこのブランドでなければだめだ！」

多少，くだけた調子で書いたのは，その方がこれらの各概念がもつニュアンスが良く伝わると思ったからです．ここにおける「差別化」誘発因とは，競合商品との違いを明確にする力のことです．当然のことながら，ある商品について「ブランド・エクイティ」を所有する消費者は，明確にその商品と他を区別します．「愛顧」誘発因とは，その商品に対する深い愛着を惹き起こす力のことです．あたかも自分だけのブランドのように，「私のもの……」「私の好きな……」と思わせる力のことです．「継続」誘発因とは，読んで字のごとく，継続して購買させる力のことです．「私は，いつもこのブランドに決めている……」と思わせる力です．消費者が所有する「ブランド・エクイティ」（ブランド資産）は，これら３つの行動誘発因（力）を備えているのです．

(4) ブランド・ストラクチャー

ブランド・ストラクチャー（Brand Structure）の考え方も，ブランドの心理

的側面を考察する上ではきわめて重要です．ブランド・ストラクチャーとは，直訳すれば"ブランドの構造"という意味になりますが，戦略的マーケティングでは，企業が所有する複数のブランドを一定の基準に基づいて"体系化"ないしは"整理"するという意味において用いられます．すでに第3講においてみたように，戦略的マーケティングのプロセスは，企業レベル，事業レベル，製品適応レベルの3つに分かれます．これら企業・事業・製品のそれぞれにブランド・ネームが付される場合，それら複数のブランドをわかりやすく"体系化"しておく必要があるのです．

　複数のブランドを"体系化"する理由として，筆者は次の2つを挙げたいと思います．一つ目の理由は，「顧客にとってのメリット」です．もう一つは，「企業にとってのメリット」です．前者から説明していきましょう．通常，企業が，上記のように複数のブランドを所有している場合，顧客のブランドに対する反応は各ブランドによって異なります．たとえば，「富士重工業」という企業名に対する「ブランド訴求力」や「ブランド信頼度」と，「レガシィー」という車種名（製品名）に対する「ブランド訴求力」や「ブランド信頼度」は大きく異なります．「富士重工業」という企業ブランドは，長い歴史と企業実績に裏打ちされた高い「ブランド信頼度」を誇っています．その一方で，この会社の「レガシィー」という製品ブランドは，ヒット製品としての強い「ブランド訴求力」をもっています．こうした場合，富士重工業㈱は，これら「企業ブランド」と「製品ブランド」に対して，"信頼性"と"訴求力"という異なる「役割」を与えておく必要があります．そうしないと，顧客は1つの企業内にある2つ以上のブランドの間で混乱を来たしてしまいます．混乱を来たした結果，ブランドが本来有している購買価値が機能しなくなってしまう恐れがあるのです．ブランドのもつ役割には，「品質の保証」，「購買動機の誘発」など，いくつかあります．いずれにせよ，企業が自社の複数ブランドを"体系化"し，それぞれのブランドにふさわしい役割を付与することにより，顧客は製品に関する企業の主張点を正しく理解し，購買価値を見出すことができるよ

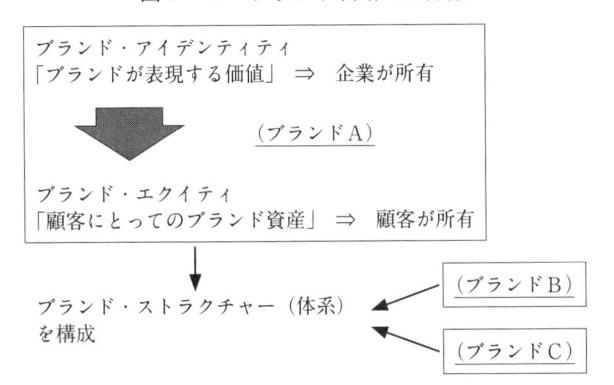

図7—1　ブランド戦略の全体像

```
┌─────────────────────────────────────────┐
│ ブランド・アイデンティティ                │
│ 「ブランドが表現する価値」 ⇒ 企業が所有  │
│         ⬇                                │
│                   (ブランドA)             │
│ ブランド・エクイティ                      │
│ 「顧客にとってのブランド資産」 ⇒ 顧客が所有│
└─────────────────────────────────────────┘
         │
         ▼
  ブランド・ストラクチャー(体系) ◀── (ブランドB)
  を構成                        ◀── (ブランドC)
```

うになるのです．

　では，後者の「企業にとってのメリット」とは何でしょうか？　上で述べたように，企業が複数ブランドを生産・販売している場合，顧客はそれら2つ以上のブランドの間で混乱を来たすおそれがあります．顧客自身が消費価値をはっきり見出せないわけですから，こうした状況下で戦略的マーケティングを立案・実行しても，市場適応は難しいといわざるを得ません．もし，このような場合に「ブランドの体系化」を行えば，企業は自分たちが所有しているブランドをその役割に沿って「整理」することができるようになります．そして，市場適応の変更と修正といった場合に，無駄のない効率的な製品戦略やマーケティング・ミックス構築を行えるようになるのです．

　ブランド・ストラクチャー（ブランドの体系化）の具体的方法については，本講 3．において改めて詳述します（図7—1参照）．

2．ブランド戦略

(1)　ブランド戦略のポイント

　ブランドは戦略的マーケティングにおける市場適応の手段の一つです．ブラ

ンドを核とした市場適応の策定・変更・修正をいかに行うか，そのベストプラクティスのことを「ブランド戦略」といいます．そして，前項でみたように，効果的な「ブランド戦略」を立案・実行するためには，ブランドの心理的側面である「ブランド・アイデンティティ」，「ブランド・エクイティ」，「ブランド・ストラクチャー」を確立しなければなりません．それでは，「ブランド戦略」を具体的にどのように進めていくべきでしょうか？　ここでは，大きく3つのポイントについて明らかにしたいと思います．

〈ブランド戦略のポイント〉
① Product Life Cycle（P.L.C.）に沿った戦略策定が重要であること
② Brand Conflict（ブランド・コンフリクト）を惹き起こしてはならないこと
③ ブランド戦略のコスト（費用）について，常に考慮しなければならないこと

　ポイント①から説明していきましょう．第3講の2．でみたように，市場は通常，P.L.C.上の「導入期」「成長期」「成熟期」「衰退期」という4つの段階を経て発展・消滅していきます．そして，市場がどの段階に位置しているかによって，企業の戦略的マーケティングのあり方は大きく異なってくるのです．筆者は"洗練された"「ブランド戦略」が最も必要とされるのは，市場および事業が「成熟期」にさしかかった場合であると考えています．
　ポイント②のブランド・コンフリクトとは，企業が所有する複数のブランドが衝突（バッティング）することです．衝突の結果，顧客のそれらブランドに対する価値観に混乱が生じ，最終的には顧客の購買意欲を減ずることにもなりかねません．また，企業および事業の合併やアライアンス（協業）によって，2つ以上の異なるブランドが統合される場合においても，コンフリクトは発生します．通常の戦略的マーケティングにおいては，それほど頻繁にブランド・コンフリクトは発生しません．しかしながら，市場の成熟化や戦略の失敗

によって戦略を変更・修正しようとする場合，非常にしばしば，ブランド・コンフリクトが発生します．ブランド・コンフリクトは，戦略的マーケティングを行おうとする企業にとって，絶対に避けるべき危険な状況です．

最後に，③「ブランド戦略」のコストについてです．「ブランド戦略」は戦略的マーケティングにおいて最もコストがかかる「製品戦略」の中核に位置するものですから，その実行には多くの経営資源が必要となります．とくに，成熟期におけるブランド訴求力の衰退に際して，ブランドの再構築を行おうとする場合など，多大な費用支出が求められます．「ブランド戦略」におけるコスト管理の詳細については本項(3)で後述するとして，はじめに，上記ポイント①のプロダクト・ライフ・サイクルにおける「ブランド戦略」の考え方からみていきましょう．

(2) プロダクト・ライフ・サイクル上の各ステージにおける「ブランド戦略」

前節では，「ブランド戦略」を策定する際の1番目のポイントとして，プロダクト・ライフ・サイクル（P.L.C.）に沿った戦略策定が重要であると述べました．戦略策定の対象である事業や製品が「導入期」「成長期」「成熟期」「衰退期」の4つの市場発展のステージのどこに位置しているかによって，ブランド戦略の目的や内容は変わってきます．順を追ってみていきたいと思いますが，プロダクト・ライフ・サイクルに沿って戦略を立案・実行する場合は，次の点についても，あらかじめ考慮しておかなければなりません．それは，プロダクト・ライフ・サイクルを大きく前半と後半に分けた場合，前半よりも後半の「成熟期」においてより高い"戦略性"が求められるという点です．言い換えれば，戦略的マーケティングの"戦略性"は，市場が狭隘化する「成熟期」においてこそ発揮されるのです．

まず，「導入期」からみていきましょう．「導入期」におけるブランド戦略の目的は，製品の"認知"です．標的とする市場の隅々まで，いかに広く製品を

認知させるか，そのために，ブランドにどのようなマーケティング手段を組み合わせるのかといった事柄が重要となります．従来，新製品投入あるいは事業展開の初期段階であるこのステージの「ブランド戦略」としては，「マス広告」すなわち，テレビCMや発行部数の多い紙媒体を用いての"プッシュ型"プロモーションが有効であるとされてきました．近年では，マーケティング手段コストを削減しつつブランド認知を高めるため，ウェッブ・サイトやテレビCMといった各種メディアを複合的に活用し，「クチコミ」を発生させるという方法が注目されています．これについては，第10講において詳しく述べたいと思います．

次に，「成長期」です．この時期においては，先述したように，売上やシェアが少しずつ伸長していくと同時に，競合ブランドの数も増加していきます．「成長期」におけるブランド戦略の目的は"差別化"です．製品のポジショニングを明確にした上で，競合ブランドとの違いを標的市場に明確に伝えなければなりません．

さて，前述したように，「ブランド戦略」において最も高度な戦略性が求められるのが，次の「成熟期」です．むしろ，「ブランド戦略」の"妙味"あるいは"おもしろさ"が実感できるのが，このP.L.C.後半の「成熟期」においてであるといってもよいでしょう．この時期に，高度な"戦略性"が求められる理由としては，標的市場が競合ブランドで溢れ返り，市場が相対的に狭隘化することがあげられます．さらなる"差別化"を行おうにも，市場がすっかり飽和しているので，決定打が打ち出し難いということもあります．さらには，将来における市場の成長性が不透明なため，マーケティング手段へのさらなる追加投資が難しいという問題もあります．しかし，それら以上に深刻な理由としては，ブランドがもつ本来的な力が，時間経過と市場飽和により，減衰してしまうということが挙げられます．とくに，売上および利益のピークである「成熟期」において大幅に減衰してしまうのが，ブランドがもつ「訴求力」です．こうした「成熟期」におけるブランド訴求力の低下に際しては，「ブラン

ド戦略」を中心として，戦略的マーケティングのあり方そのものを見直す必要が出てきます．これについては，本講3．において，説明したいと思います．

(3) ブランド戦略とブランド・コンフリクト

「ブランド戦略」を策定・実行する際のポイントの2つ目は，戦略の実行プロセスにおいて「ブランド・コンフリクト」（Brand Conflict）を惹き起こさないようにすることです．「ブランド・コンフリクト」とは何でしょうか？　コンフリクト（Conflict）とは，直訳すると，衝突，不一致，対立といった意味です．「ブランド・コンフリクト」とは，一人の消費者の中で，2つ以上のブランドが衝突もしくは不一致を起こすことをいいます．1つの事業や製品に関連して，2つ以上の主要なブランドに衝突が発生すると，消費者の抱く消費価値に混乱が生じ，結果として製品選択や購買行動の妨げになります．一般的に，「ブランド・コンフリクト」は，P.L.C.の「成熟期」において，企業が事業戦略や製品戦略を変更・修正しようとする場合に発生します．とくに，戦略変更の際に，企業間における事業のアライアンス（協業）や合併が行われた場合，しばしば「コンフリクト」が発生します．

こうした「成熟期」における「ブランド・コンフリクト」を回避するためには，次の2つの点が重要であると筆者は考えています．1つ目は，「ブランド体系」を構築し，2つのブランドをこの「ブランド体系」の中に別々に位置付けることです．とくに，事業ならびに製品アライアンスによる「ブランド戦略」の場合，マスター・ブランド（主要ブランド）とサブ・ブランド（従属的なブランド）とをはっきりと定めることが不可欠となります．仮にブランドが2つ存在していれば，どちらかが「マスター」になり，どちらかが「サブ」になるのです．次に「コンフリクト」回避のための2つ目の重要点としては，ブランド戦略の目的を，ブランドごとに明確化することがあげられます．ブランドごとに異なる戦略目的を想定することにより，やはり「ブランド・コンフリクト」は避けられるのです．

ここでは，第5講3．で取り上げた「カゴメ㈱」のP.L.C.「成熟期」における「スターバックスコーヒージャパン」とのアライアンスのケースをもう一度みながら，上記を検証してみましょう．2007年，「カゴメ㈱」は，「スターバックスコーヒージャパン」と100％ミックスジュース「be juicy!」を共同開発し，697店舗（1997年時）において発売を開始しました．繰り返し述べてきましたが，「スターバックス」の「製品戦略」の基本枠組みは「標準化」です．同社は，統一性ある店舗デザイン，各店舗において同質化されたサービスを売り物に，グローバルな「標準化」を進めてきたのです．当然，ブランド体系上，このアライアンスにおける「マスター・ブランド」は「スターバックス」が提供するコーヒーです．そして，カゴメ・ブランドが付されたミックスジュース「be juicy!」は「スターバックスコーヒー」の「サブ・ブランド」ということになります．戦略目的の設定については，さらに明確です．カゴメ・ブランドの「be juicy!」は，従来のカゴメ・ブランドの主要顧客層からは若干離れた，都市部居住の若年層をメイン・ターゲットにしています．これらカゴメにとっての新しい顧客層を開拓することが，カゴメのアライアンスによるブランド戦略の目的なのです．それでは，このアライアンスにおけるスターバックスのブランド戦略の目的は何でしょうか？ それは新たなターゲットである"健康志向顧客層""ファミリー層"へのブランドの浸透です．

(4) ブランド戦略のコスト

さて，「ブランド戦略」に関する重要ポイントの最後はコストについてです．本書において繰返し指摘しているように，戦略的マーケティングにおいて最もコストがかかるのが，「製品戦略」です．「製品戦略」の中でも，とくに「ブランド戦略」はかかるコストがきわめて高く，かつ取扱いの難しい戦略であるといえます．

「ブランド戦略」が高コストである大きな理由の一つは，「ブランド」という手段が，単独で操作することが難しい"本質的"な製品要素であるからです．

ブランドという手段は常に他のマーケティング手段との組合せにおいて動かされます。確かに、「プロモーション」や「流通」といった手段も、同じように、手段の組合せとして用いられます。しかしながら、「ブランド」は製品の"本質的"要素であるがゆえに、それを操作する（手段の構築・修正）ことによる他のマーケティング手段への影響が際だって大きいのです。先に、第5講「戦略的マーケティングの変更と修正」において「オロナミンC」のケースを紹介しました。「オロナミンC」は戦略的マーケティングの修正において、コストのかかる「新製品」の発売や「製品」のモデルチェンジではなく、「プロモーション（販売促進）」という手段のみに依拠した方法で、戦略的マーケティングの修正を果たしました。これは、操作するマーケティング手段が「プロモーション（販売促進）」であったからこそできたことで、"本質的"な製品要素である「ブランド」の場合は、それ単独で"ミックス・フィット"（Mix Fit）に何らの影響も与えずに、修正や変更を行うことは不可能なのです。

「ブランド戦略」が高コストであるもう一つの理由は、「ブランド」というマーケティング手段そのものが、常に（あるいは本来的に）"変革"を余儀なくされているからです。これまでみてきたように、通常、戦略的マーケティングにおいては、市場の「成熟」（需要の飽和）や戦略の「失敗」の結果、マーケティング手段を用いた市場適応方法の変更・修正が行われます。「ブランド戦略」においても、それはまったく同じです。しかしながら、ブランドは、他の手段とは異なり、本来は"消費者に共有される価値観"であり、"顧客心理"ときわめて関わりが深いマーケティング手段です。言い換えれば、"人間的"あるいは"情緒的"な製品要素ということができるでしょう。ブランドがこうした性質のものである以上、それは時間の経過とともに必ず変質します。同時に、ブランドが消費者に対してもつ「訴求力」も、時間の経過とともに必ず衰退するのです。すなわち、戦略的マーケティングを行おうとする企業は、市場が飽和しようがしなかろうが、戦略が失敗してもしなくても、一定時間の経過とともに、必ず自社の所有するブランドを変革しなければならないのです。あ

るいは，ブランドの"メンテナンス"といってもよいでしょう．そして，上述したように，ブランド変革はブランド自体のメンテナンスに止まらず，他のマーケティング手段（「価格」「流通」「プロモーション（販売促進）」）にも少なからず影響を及ぼします．いわば，"ミックス・フィット"を維持するためのコストを要求するのです．

　以上，「ブランド戦略」には大きなコスト負担がかかることはわかりました．次に，次項において，「成熟期」におけるブランド訴求力低下への対応策をみていきたいと思います．

3．ブランド訴求力衰退への対応

(1) 成熟期のブランド訴求力衰退
　　（本質的衰退とマーケティング要因による衰退）

　前項でみたように，ブランドはマーケティング手段であると同時に，"消費者に共有される価値観"でもあります．時間の経過とともに価値観が変質すれば，ブランドがもつ訴求力も変化します．もちろん訴求力が向上すれば問題はありませんが，通常，時間の経過とともにブランドのもつ訴求力は衰退もしくは劣化します．ここでいうブランド訴求力とは，ブランドが顧客を"選択や購買に向かわせる力"のことです．こうした「成熟期」における訴求力衰退への対応は，ブランド戦略の重要なテーマです．

　さて，筆者がみるところ，成熟期におけるブランド訴求力衰退化には大きく2つのパターンがあるようです．一つは，企業がとくに市場適応のためのマーケティング活動（マーケティング手段の操作）を行わなくとも，自然とブランド訴求力衰退が起こるというパターンです．上記の通り，消費者の価値観や価値意識は時間の経過とともに変質しますので，こうした劣化現象はあらゆる製品に起こり得ます．こうしたパターンを，筆者は「ブランド訴求力の本質的衰退」と呼びます．

もう一つは，ブランド認知やブランド差別化のためのマーケティング活動（他のマーケティング手段を用いた）を続けることにより，市場における当該ブランドの情報量が増大し，ブランド情報の飽和が発生してしまうというパターンです．ブランド情報が飽和した結果，一種の"収穫逓減"が起こり，やはりブランド訴求力は衰退します．筆者はこれを，「ブランド訴求力のマーケティング要因による衰退」と呼んでいます．一般に，企業が「成長期」や「成熟期」においてプロモーション（販売促進）の量を増やしたり，流通を押し広げたりした場合，確かにブランドの「浸透率」は高まります．ここで「浸透率」とは，ブランドが市場において認知される率のことです．しかしながら，ブランド「浸透率」は上昇しますが，肝心の「訴求力」は大きく低減化してしまいます．

　「ブランド戦略」において，最も困難なのが，この「マーケティング要因による訴求力衰退」への対応です．次節以下では，その対応方法について明らかにしたいと思います．筆者が考える「マーケティング要因による訴求力衰退」[3]への対応方法は，次の3つです．

〈ブランド訴求力衰退への対応方法〉
　①　ブランド・アイデンティティ（Brand Identity）の再定義
　②　サブ・ブランディング（Sub-Branding）
　③　コ・ブランディング（Co-Branding）

　これらの対応策は，どれを行うかによって，かかるコストに大きな差があります．企業は自社が所有する経営資源の状況に応じて，いずれかを選択することになります．次節においては，ブランド・ストラクチャーについて詳しく説明し，それを踏まえた上で，ブランド訴求力衰退への対応の方法について詳述したいと思います．

(2) ブランド・ストラクチャー（Brand Structure）の内容

「ブランド戦略」を立案・実行する際しては，ブランド・ストラクチャー[4]の考え方を踏まえることが重要となります．とくに，「成熟期」における「ブランド訴求力衰退」に対応するためには，ブランド・ストラクチャーについて理解しておくことが必要なのです．

「ブランド・ストラクチャー」上，ブランドは"対象"や"役割"や"訴求力の大きさ"によって類型化されます．ここで"対象"とは，ブランド価値が付与される対象という意味です．"役割"とは，製品が市場適応する際に果たす"役割"のことです．一つの製品に関して，関連する複数のブランドが存在する場合，それぞれのブランドが果たす"役割"は異なるはずです．"訴求力の大きさ"とは，顧客へのアピール力の大きさという意味です．やはり，同じく関連したブランドでも，消費者に名前をよく知られているものと，そうでないものが存在します．ブランド・スラクチャー上の類型化は，一般に，企業単位，事業単位で行われます．ブランド・ストラクチャーにおけるブランド類型化は下記の通りです．

〈ブランド・ストラクチャーの内容〉

① 対象による類型化：「コーポレート・ブランド」「事業ブランド」「製品ブランド」
② 訴求力による類型化：「マスター（主たる）・ブランド」「サブ（補助的な）・ブランド」
③ 役割による類型化：「ドライバー」「エンドーサー」「シャドー・エンドーサー」

ここでは，③の「役割によるブランド類型化」を中心に説明しましょう．ここでいう「ドライバー」とは，製品購入の原動力となるブランドのことを指します．顧客に対して購買の後押しをする力を備えたブランドという意味で

す．「エンドーサー」とは，製品の品質や機能を"裏書き"(Endorse)するブランドのことです．俗に，"保証者"と意訳されます．「シャドー・エンドーサー」とは，すなわち，"陰の裏書人"あるいは"陰の保証者"です．保証者ブランドの名前自体はけっして表に出ませんが，そのブランドが保証者として製品に関わっていることで，顧客が製品の品質や機能が保証されていると感じる場合があります．そうした黒子的存在のブランドを「シャドー・エンドーサー」と呼ぶのです．

さて，「プリウス」というわが国で最も人気の高いハイブリッド・カーがあります．トヨタ自動車のエコカー事業にとって，「プリウス」ブランドはもちろん購買の原動力となる「ドライバー」でしょう．この場合，「トヨタ」という明示の企業ブランドは，「プリウス」という高性能ハイブリッド・カーの品質を保証する「エンドーサー」になります．

米国に「タッチストーン・ピクチャーズ」という著名な映画会社があります．流行を掴まえるのが上手く，様々な話題作を手掛けてきたブランド訴求力のある映画会社です．この会社は，映画ファンの間では，世界最大の総合アミューズメント企業，ウォルト・ディズニー・カンパニーの子会社（映画部門）として知られています．この場合，「ウォルト・ディズニー・カンパニー」という企業ブランドは，映画事業子会社「タッチストーン・ピクチャーズ」の作品の質の高さを保証する「シャドー・エンドーサー」なのです（図7-2参照）．

図7-2　ブランド・ストラクチャー

- 「コーポレート・ブランド」　「事業ブランド」　「製品ブランド」
  　　　↓　　　　　　　　　　　　　　　↓
  　マスター・ブランド　　　　　　サブ・ブランド
- ドライバー（駆動因）
- エンドーサー（保証者）
  シャドウ・エンドーサー（影の保証者）

(3) ブランド・アイデンティティの再定義
　　（ブランド訴求力衰退への対応 ①）

　では，ブランド・ストラクチャーを踏まえ,「成熟期」におけるブランド訴求力衰退への対応策について，詳しくみていきましょう．はじめに,「ブランド・アイデンティティの再定義」についてです．本講3.でみたように,「ブランド・アイデンティティ」とは，製品に付与されるブランド価値の源泉のことです．「ブランド・アイデンティティ」は，事業の構築や継続に不可欠な基礎知識として，最高経営責任者から新入社員に至るまで，すべての社員に共有されていなければなりません．

　さて，表題の「ブランド・アイデンティティの再定義」とは，導入期⇒成長期⇒成熟期というP.L.C.上の市場変化に沿って,「ブランド・アイデンティティ」を作り直していくことです．いわば，ブランド価値の源泉が時間の経過とともに更新されていくわけですから，訴求力の衰退化は起こり難くなります．前項で紹介したあらゆる種類のブランドが,「ブランド・アイデンティティ」を備えていますが，ブランド戦略上の「再定義」が行われるのは，主に「マスター・ブランド」と「ドライバー」においてです．ソニー（Sony）[5]を例に，「ブランド・アイデンティティの再定義」についてもう少し説明したいと思います．

　1950年代から1970年代にかけて，ソニーは"トランジスタ"技術を核とした新興の家電・音響機器メーカーとして知られていました．この時代，消費者の誰もが，ソニーといえば高性能なポータブルラジオや高機能なテレビを思い浮かべました．やがて，70年代の後半に入り，ソニーは世界中で大ヒットした携帯型オーディオプレーヤー"ウォークマン"を発売します．筆者の学生時代はまさにこの旧式のカセット・テープ型"ウォークマン"の全盛期でした．80年代の半ばになると，ソニーは，音楽ソフトウェア事業に力を入れ始めます．CDの技術を確立し，商業化を果敢に進め，これを成功させました．同社はデジタル化された音楽ソフトウェア（CD）の生産・販売を開始します．こ

図7-3　ブランド・アイデンティティの再定義

Sonyにおけるマスター・ドライバーの変化

トランジスタ ➡ ウォークマン ➡ CD ➡ デジタル・エンタテインメント

の頃から，ソニーは，川下に向かって事業のすそ野を広げる戦略を推し進めていきます．やがて，90年代に入り，出井社長の時代になると，ソニーは"デジタル・エンタテインメント"企業へとさらに脱皮します．音楽・映像・ゲームを3本柱に，デジタル・コンテンツの創造と提供を社業の中心に据えたのです．デジタル化されたアミューズメントを提供するという統一コンセプトのもと，事業のすそ野はどんどん広がっていきました．

このようにみてくると，ソニーが1950年代から2000年にかけて，トランジスタ⇒ウォークマン⇒CD⇒デジタル・エンタテインメントと，自社の「ブランド・アイデンティティ」を進化させていったことがわかります．「Sony」という企業ブランドは，「マスター・ブランド」であり，購買行動のための「ドライバー」でもあります．その「アイデンティティ」を再定義することによって，ソニーはブランドの訴求力を保ってきたのです．

ソニーの事例からもわかるように，「ブランド・アイデンティティの再定義」は製品開発と深く結び付いています．ブランド・アイデンティティを再定義するためには，どうしても製品やその他のマーケティング手段も変わらざるを得ないのです．その意味で，「ブランド・アイデンティティの再定義」は高コストなブランド戦略ということができるでしょう（図7-3参照）．

(4) サブ・ブランディングとコ・ブランディング
　　（ブランド訴求力衰退への対応②③）

次に，「サブ・ブランディング」（Sub-Branding）と「コ・ブランディング」（Co-Branding）についてみていきましょう．サブ・ブランディングとは，既存ブランドの下に別の既存ブランドや新たなブランドを配置することです．コ・

ブランディングとは，異なる2以上の既存のブランドを組合せ新しいブランドを構築することです．

第5講におけるカゴメとスターバックスのケースを，もう一度思い出してください．2007年，スターバックスコーヒージャパンは，カゴメ株式会社と100％ミックスジュースを共同開発し，697店舗において発売を開始しました．スターバックス店内で販売されるこの新しい製品のブランド名は，「be juicy!」です．従来，カゴメは40代以上の年代に対して非常に大きなブランド訴求力を誇っていました．とくに，健康に気を使う中年以上の年齢層に，野菜ジュースの「KAGOME」ブランドは圧倒的に支持されてきました．しかしながら，100％ジュースの市場が「成長期」から「成熟期」へと移行するにしたがい，海外ブランドを含む数多くの競合ブランドが市場に参入してきました．「成熟期」における戦略的マーケティングの変更を模索した結果，カゴメは若年層の人気が高い"スターバックス"ブランドの「サブ・ブランド」を発売することを決断したのです．"スターバックス"ブランドのブランド体系の中に自社の一ブランド（「be juicy!」）を配置することにより，流行に敏感な若い標的市場を新たに獲得し，戦略的マーケティングの変更を行うことが可能になったのです．

上記，カゴメのブランド戦略には，戦略的マーケティング上，いくつかの優れた特徴があります．1つは，このブランド戦略が他のマーケティング手段と上手く連動していることです．この「サブ・ブランディング」は，カゴメにとって，「製品戦略」であると同時に，スターバックスの店内という新しい販路を開拓するための「流通戦略」でもあるのです．2つ目として，このブランド戦略が，本講2．で述べたいわゆる「ブランド・コンフリクト」を巧みに回避している点があげられます．複数のブランドが介在するブランド戦略においてコンフリクトを惹き起こさないためには，先述したように，複数のブランドを「ブランド・ストラクチャー（体系）」の中に別々に位置付けることが必要となります．上記のケースの場合，マスター・ブランドの"スターバックス"とサ

ブ・ブランドである"be juicy!"の位置づけはきわめて明確です．また，コンフリクト回避のためには，ブランド戦略の目的をブランドごとに個別に設定する必要があります．コーヒーを飲まない顧客層を引き込みたいという"スターバックス"ブランドの思惑と，若年層にアピールしたいという"be juicy"のブランド構築目的は明確に異なっています．優れた特徴の3番目として，戦略的マーケティングとしての基軸が明確であるという点があげられるでしょう．第5講で説明した通り，このブランド戦略（成熟期における「サブ・ブランディング」）は，戦略変更のための「アライアンス」の考え方に立脚しています．「アライアンス」という戦略の全体的な基軸がしっかりと存在しており，それを踏まえて，ブランド戦略が行われているのです．そういう意味で，このブランド戦略には，「サブ・ブランディング」（Sub-Branding）ばかりでなく，「コ・ブランディング」（Co-Branding）の要素も含まれているといえるでしょう．

注）
1）ブランド・アイデンティティ（Brand Identity）の注意点，ブランド・コンフリクト（Brand Conflict），ブランド訴求力衰退（あるいは希薄化）に関する記述については，以下を参考にした．
須藤実和『eブランド戦略』日本経済新聞社，2001年．
2）カスタマー・エクイティ（Customer Equity）の考え方を踏まえたブランド戦略，特に「行動誘発因」については，以下の文献を参考にした．
「カスタマー・エクイティ戦略」『DIAMONDハーバードビジネス』2001年10月号．
3）ブランド訴求力衰退への対応方法については以下を参考にした．
須藤実和，前掲書，2001年，pp.123-133.
須藤は，同書の中で，これら3つの対応方法を「ブランド変革（進化）」の手法として紹介している．筆者は，「ブランド変革（進化）」の手法こそが，ブランド訴求力衰退への最善の対応方法と考える．
4）ブランド・ストラクチャーについては，以下にもとづく．
「カスタマー・エクイティ戦略」『DIAMONDハーバードビジネス』2001年10月号．
5）ソニーの事例については，以下にもとづく．
須藤実和，前掲書，2001年，pp.124-126.

第 8 講
価格戦略

1．価格戦略とは

(1) 価格戦略の注意点

　さて，ジェローム・マッカーシー（Jerome McCarthy）による，市場適応のためのマーケティング手段の2番目が「価格」です［第4講マーケティング・ミックスの策定：製品 Product，価格 Price，流通 Place，販売促進 Promotion を参照のこと］．戦略的マーケティングにとって，「価格」とはどのような手段なのでしょうか？　筆者が考える「価格」を用いた市場適応，すなわち「価格戦略」の注意点は次の3つです．これら3つの注意点は，相互に深く係り合っています．

〈価格戦略に関する注意点〉
① 　企業「収益」と消費者「購買行動」に直接的影響を及ぼすリスキーな手段であること
② 　常に戦略的な発想に基づく価格設定を心がけること
③ 　他のマーケティング手段との整合化（ミックス・フィット：Mix Fit）を図ること

　注意点の①からみていきましょう．「価格」は，これを単独で用いた場合，きわめてリスキーなマーケティング手段です．ただし，戦略的マーケティングのスキーム（基本枠組み）の中で，他のマーケティング手段と連動させて用いるのであれば，この限りではありません．当然のことですが，「価格」は「収益」と「購買行動」に直接的な影響を及ぼします．"価格を下げる"とはどう

いうことでしょうか？ "価格を下げる"ということは"収益を直に圧迫する"ことに他なりません．それでも，未だに非常に多くの企業が，価格を単独で操作しようとします．「価格変更は最も手軽で低コストな戦略である」という勘違いをしているのです．確かに長期的なマーケティング目的を考えず，一時的な売上増を図るのであれば，それでもよいかもしれません．しかし，帳簿上，価格下落はコスト増額とまったく同じ結果をもたらします．けっして手軽で低コストなマーケティング手段ではないのです．

注意点②は，上記①と深く係っています．きわめてリスキーなマーケティング手段である「価格」は，常にこれを戦略的マーケティングの枠組みの中で用いなければなりません．いかなる標的市場に対して，どのようなポジショニングで，製品を提供しようとするのか？ P.L.C. 上，市場と製品はどこに位置付けられるのか？ 戦略枠組みとして，標準化を採用するのか，それとも個別適応化か？ 戦略的マーケティングに係る様々な要素を十分に検討した上で，「価格」は決定されねばなりません．

注意点の③も，やはり上記①および②と結びついています．単独で用いるのではなく，戦略的マーケティングの枠組みの中で用いる以上，「価格」は特定の標的市場への適応を行うための"パーツ"（部品）と考えられるべきです．ベスト・ミックス（Best Mix：マーケティング手段の最適な組合せ）の"パーツ"といってもよいでしょう．これら注意点①②③について，次節以下では，事例を挙げながら，さらに詳しく説明したいと思います．

(2) 企業からの"メッセージ"としての価格
～「ドリームキャスト」のショートケース～

多くの企業が，最も手軽で低コストな戦略であるという誤解の下，「価格」というマーケティング手段を単独で操作しようとします．とくに，「戦略の失敗」や「成熟期」において，本来戦略的マーケティングの枠組みに基づいてマーケティング・ミックス全体を再構築しなければならないはずの企業が，「価

格」を単独で操作し，市場適応に失敗するというケースが数多く見うけられます．「価格」を下げるということは，「購買行動」と「収益」に，"同時"に，"直接的"な影響を及ぼします．ゲーム会社の事例をみてみましょう．

　1998年，株式会社セガ・エンタープライゼス（現，株式会社セガ）は，家庭用ゲーム機「ドリームキャスト」を発売しました．当時ゲーム機市場を席巻していた「NINTENDO64（ニンテンドー64）」や「プレイステーション」に対抗すべく開発されたこのゲーム機は，まさにセガの社運を賭けた商品であり，家庭用ゲーム機市場を牽引する商品になるはずでした．しかし，残念ながら，この製品は「導入期」において，幾つかの失敗を犯してしまいます．本講の本題から外れますので，ここでは詳述しませんが，この初期市場における"つまづき"については，いろいろな分析がなされています．チップの生産段階での歩留まりが悪く，生産が需要に追い付かなかったこと．キラーソフト（稼ぎ頭となるべきブランド力ある主力ソフト）が少なかったことなどです．しかし，ここで問題にしたいのは，初期市場での失敗に対する同社の戦略変更のあり方です．

　売れ行きの芳しくない「ドリームキャスト」に対して，セガ・エンタープライゼスが採った対応は，「価格」（定価）の大幅な値下げでした．1999年に，それまで29,900円であった価格を19,900円に改訂したのです．セガ・エンタープライゼスは戦略的マーケティングの変更を行ったのでしょうか？　そうではありません．標的市場の再設定をしたわけでもなく，マーケティング・ミックス全体の再構築を行ったわけでもありませんでした．同社は，「価格」のみを単独で操作することにより，顧客離れを何とか食い止めようとしたのです．この判断は，2つの問題を惹き起こしました．利益の大幅な減少です．減少どころか，大幅な価格改定の結果，「ドリームキャスト」を1台売るごとに，何と1万円の赤字が発生する事態に陥ったのです．もっと深刻だったのが顧客の反応でした．メーカーが4割近くも値下げしてしまう状況をみて，顧客は疑心暗鬼に成らざるを得ませんでした．「このゲーム機は大丈夫だろうか？」「生産中

止になって新作ゲームソフトが出なくなったらどうしよう」といった声が市場から一斉に上がりはじめました．結局，この価格改定が顧客離れを一気に加速させたと筆者はみています．2001年，セガ・エンタープライゼスはついに「ドリームキャスト」の生産中止を決断するに至りました．

　戦略なき「価格」の変更は，きわめてリスキーです．利益を直接的に圧迫します．加えて，顧客は，「価格」から発信される"企業のメッセージ"を読み取ろうとします．戦略的マーケティングの枠組みから外れた「価格」の大幅かつ唐突な下落は，顧客にとっては"ネガティブ・メッセージ"以外の何物でもありません．上記，「ドリームキャスト」のショートケースは，戦略的な発想に基づく「価格」の設定や変更の重要性を物語っています．

(3) 戦略的な価格設定とは

　前節では，戦略的発想の欠落した「価格」変更や「価格」をそれ単独で操作することがいかに企業経営上リスキーであるか，ゲーム会社の事例をあげて説明しました．それでは，戦略的な価格設定とはどのようなものでしょうか？ここでは，戦略的ではない従来の価格設定の方法のいくつかについて概観し，それらとの比較の中で説明していきたいと思います．こうした価格設定方法の違いは，そもそも「価格」に対する"哲学"の違いに由来するものです．"哲学"という言葉が大袈裟であれば，"捉え方"といってもよいでしょう．

　従来からの伝統的な"捉え方"は，「価格」を「コストをカバーするためのツール」あるいは「利益を確保するためのツール」と見なすというものです．こうした価格設定方法を「コスト・プラス法」あるいは「コスト志向の価格設定法」と呼びます．製造原価に粗利益を乗せたものが，メーカーの販売「価格」になります．あるいは，仕入原価に粗利益（マーク・アップ）を乗せたものが，流通業者の販売価格となります．当然のことながら，こうした伝統的な価格設定法においては，はじめに販売価格が決定されるわけではありません．製造原価や仕入原価が算定され，それらに粗利益が上積みされることにより，い

わゆるエンドユーザー価格が決定されるのです．

　もう少し市場の実情に目を向けた「価格」の"捉え方"もあります．これには，需要状況に目を向けるという考え方と，競争状況を考慮に入れるという考え方の2通りがあります．前者の需要状況に基づく価格設定法を「値ごろ感による価格設定」と呼びたいと思います．また，後者の競争状況に基づく価格設定法は，一般に，「実勢価格設定」と呼ばれています．いずれの場合も，「コスト・プラス法」とは異なり，価格設定に際しては，エンドユーザー価格がはじめに決定されます．

　さて，前節でみたように，戦略的マーケティングにおいては，「価格」を企業が発信する"メッセージ"もしくは企業と市場を結ぶ"コミュニケーション・ツール"と見なします．もちろん，利益とコストをカバーするといった従来からの役割がなくなったわけではありません．そうした従来からの役割に，戦略上の機能が加わったと見なすべきでしょう．このように考えると，戦略的マーケティングの考え方の下では，「価格」というマーケティング手段が実に多様な役割を担っていることがわかります．それは，「商品価値を現すもの」であり，「コストと利益をカバーするもの」であり，さらには，「企業と市場とを結びつけるコミュニケーション手段（媒体）」でもあるのです．本書では，戦略的な価格設定方法として，「上層吸収価格戦略」「浸透価格戦略」の2つを取り上げたいと思います．これらの詳細については，次節2．において説明します．

〈価格設定方法〉
① 伝統的な価格設定法：「コストプラス」
② 市場の実情に合わせた価格設定法：「値ごろ感による価格設定」「実勢価格設定」
③ 戦略的価格設定法：「上層吸収価格戦略」「浸透価格戦略」

(4) 他のマーケティング手段との整合化（ミックス・フィット）

「価格戦略」における注意点の3つ目は，「価格」と他のマーケティング手段との整合性（ミックス・フィット：Mix Fit）についてです．「価格」というマーケティング手段は，コストと利益をカバーするためのものであると同時に，「企業と市場とを結びつけるコミュニケーション手段（媒体）」あるいは「企業が発信する"メッセージ"」でもあります．そして，それは常に，マーケティング・ミックスによる市場適応という戦略的マーケティングの枠組みの中で用いられなければなりません．すなわち，標的市場の設定とマーケティング・ミックスの構成は「価格戦略」にとってきわめて重大な問題なのです．

私たちは戦略的な価格設定の事例，とくに高価格設定に基づく戦略的マーケティングのケースを今日至るところで目にします．たとえば，きわめて嗜好性の強い，標的市場が限定的な衣服（ファッション・ビジネス）について考えてみてください．現在，東京の渋谷（とくに109ビル内など）や原宿の裏通りには，グローバルなブランド展開とはまったく無縁で，マス市場でのブランド訴求力もほとんどない，数多くのアパレル・ブランドが軒を連ねています．どのブランドもデザイン・製造・販売を一貫して行っておりますが，企業規模としては従業員40〜80人程度の中小企業ばかりです．筆者はこれら中小アパレル企業の戦略に興味があり，いくつかの企業とその店舗を訪ねたことがあります．それらのうちの何社かは，驚くべきことに，創業からわずか6〜7年の間に数十億程度の売上を上げていました．訪ねた店舗も常に若い来店客でごった返していました．標的市場は渋谷・原宿に集まる洋服好きの若者です．それでは，それら商品の「価格」は，若年層市場の実情に合わせた「値ごろ感による価格設定」や「実勢価格設定」（前節，〈価格設定方法〉を参照）に基づいて決められているのでしょうか？ けっしてそうではありません．たとえば，Tシャツが1万円から2万円．男物のパンツでは，2万円から3万円くらいのものが最も売れ行きの良いボリュームゾーンを構成しています．ユニクロのTシャツが1,000円前後で買える現在のマス市場の現状を考えれば，これは相当高額な買

い物といえるでしょう．

　こうした，東京都心部のファッションの発信地で販売されるアパレル・ブランドのいくつかは，希少性の高い独特なデザインにその特徴があります．いわゆる"とんがった""オリジナリティ"あるデザインが好まれるのです．こうしたファッションを好む若者は，マス市場全体からみればもちろん多数派ではありません．しかし，彼らは，ファッションに関しては確固たる嗜好傾向をもち，同じブランドを繰返し購入する，いわば"コアな"継続顧客です．こうした標的市場に対して，マス市場における「値ごろ感による価格」や「実勢価格」を当てはめ，安価な商品を販売するのは，まったく戦略的ではありません．

　彼らが求めているのは，けっして他では見つけることができない"希少性"や"オリジナリティ"です．当然，「価格」もそうした価値観を十分に表現するものでなければならないのです．もう一つのマーケティング手段である「流通（販路）」も同様です．どこでも手軽に買えるのでは，"希少性"と"オリジナリティ"がある商品とはいえません．この戦略は，「高価格」と「デザイン」と「流通」のミックス・フィットの上に構築されているのです．

2．戦略的な価格設定（価格戦略）

(1) 上層吸収価格戦略

　さて，前節でみたように，戦略的な価格設定方法の代表的なものが「上層吸収価格戦略」と「浸透価格戦略」です．これらの「価格戦略」は，本書において説明してきた戦略的マーケティングの枠組みやプロセスに立脚しています．それらは，標的設定，標準化戦略，ミックス・フィットといった個別の戦略概念と深く結びついています．戦略枠組みや戦略プロセスとの関連については本項の末尾で詳述しますので，ここでは，「上層吸収価格戦略」と「浸透価格戦略」の内容について概観していきましょう．とくに「上層吸収価格戦略」は，

それ自体，目新しい戦略ではないのですが，その戦略性の高さと成功事例の多さにおいて，きわめて重要な「価格戦略」です．

「上層吸収価格戦略」とは，別名「上澄み価格戦略[1]」(Skimming Price Strategy)とも呼ばれ，標的市場を上層顧客層（富裕層市場）に限定し，P.L.C.の初期段階（「導入期」や「成長期」）において高価格設定を行うという「価格戦略」です．上層吸収価格戦略の目的の一つは，初期投資コストの早期回収です．当然のことながら，「導入期」「成長期」に高い価格設定を行えば，製品開発や流通開拓，あるいは市場浸透のためのプロモーション活動といった初期投資コストが短期間で回収できます．早めの投資コスト回収を行うことにより，P.L.C.上の市場飽和段階や適応失敗時における戦略の修正や変更が行いやすくなります．もう一つの目的は利益の持続的な拡大です．高価格がもたらす大きな利幅は，継続的な利益獲得を可能にします．以上が財務面からのメリットです．こうした財務上の利点以上に重要になるのがブランド戦略上のメリットです．標的市場を高所得者層に限定して，高い価格の製品を販売することにより，高付加価値の優れた製品であるというブランド・イメージを市場において醸造することが可能になります．もちろん，高額だからといって高品質，高機能な優れた製品であるという保証はどこにもありません．しかし，多くの大衆的な消費者は，上層顧客が購入する高額な製品というだけで，そこに一定の優れた価値を見出そうとします．ただ，一時的に（あるいは一過性のブームとして）富裕な顧客に受け入れられたとしても，その後の市場における展開が不完全では，優れた価格設定方法とはいえません．「上層吸収戦略」には，次の3つの要件が不可欠であると筆者は考えています．

〈「上層吸収価格戦略」の要件〉
① 前期ステージと後期ステージからなる"段階的な"価格設定方法であること
② ステージごと（標的市場ごと）に異なるマーケティング・ミックスを準備すること
③ 高品質と高機能といった"実質的な価値"が備わっていること

これら3つは，いずれも「上層吸収価格戦略」に固有な要件です．これらがそのまま，同じく戦略的な価格設定方法である「浸透価格戦略」に当てはまるわけではありません．「上層吸収価格戦略」「浸透価格戦略」に共通の要件については，本節末尾で説明します．

(2) 上層吸収価格戦略の要件

では，前項で取り上げた「上層吸収価格戦略」の3つの要件について，順に説明していきましょう．はじめに，①の"段階的"価格設定についてです．ここでいう「前期ステージ」とは，上層顧客層のみをターゲットに高価格で販売する時期のことで，通常はP.L.C.上の「導入期」や「成長期」の始めの部分がそれに該当します．「上層吸収価格戦略」を行おうとする企業は，高価格販売により，早めのコスト回収をめざします．さらには，高所得者層の間に，良好なブランド・エクイティを構築しようとします．しかし，長期的にみた場合，「上層吸収価格戦略」がここで終わるわけではありません．初期投資コストを回収し終わり，収益が経常的に確保され，自社ブランドに対する良いイメージが確立した後，「上層吸収価格戦略」は「後期ステージ」に入ります．すなわち，富裕層市場において構築した良好なブランド・エクイティをそのまま活用し，より市場規模（潜在顧客の数）の大きい"大衆的な"市場に参入しようとするのです．その際には，高価格販売により培った製品に対する良いイメージを十分に活用しなければなりません．本来，「上層吸収価格戦略」とは，

こうした「上層顧客（前期ステージ）⇒大衆顧客（後期ステージ）」という段階的な市場参入戦略を想定した上で立案・実行されるものなのです．

　次に，要件の②をみてみましょう．段階的な参入戦略である「上層吸収価格戦略」においては，各段階つまり標的市場ごとに，別々のマーケティング・ミックスを用いた適応が行われなければなりません．そして，それらマーケティング・ミックスを構成する各手段（製品，価格，流通，プロモーション）は，相互に整合性が保たれていなければならないのです．このようにいうと，「前期ステージ」において富裕層の間で広がったブランド・イメージを，そのまま「後期ステージ」の大衆市場においても活用するのが「上層吸収価格戦略」ではないのか？　と反論する人がいます．確かに，ご指摘の通り，前期ステージにおけるブランド形成は，後期ステージにおいて活用されねばなりません．しかし，ここで「前期」（富裕層市場）から後期（大衆市場）へと受け継がれるものは，製品そのものやブランド名ではなく，あくまでも"ブランド・イメージ"あるいは"ブランド・エクイティ"といった目に見えない価値なのです．ですから，必ずしも製品やブランド名が，そのまま変更・修正なしに継続されるということではありません．

　さて，「上層吸収価格戦略」の要件の3番目は，"実質的な価値"が備わっているということです．これは，この「上層吸収価格戦略」のみならず，ブランド戦略にもいえることですが，良好なブランド・エクイティやブランド・イメージを形作るためには，それに見合っただけの「品質」「機能」（いわゆる製品の本来的な価値）の存在が不可欠となります．「品質」や「機能」といった実質的ないしは実務的な価値が備わってこそ，高価格製品としてのブランド・イメージが生きてくるのです．言い換えれば，「上層吸収価格戦略」はどのような製品にも付けられるわけではなく，"実質的な価値"という基礎条件（要件）を満たしてはじめて用いられるようになります．上層吸収価格戦略の具体例は，本講の末尾において紹介いたします．

(3) 浸透価格戦略とその要件

「上層吸収価格戦略」と並ぶ，もう一つの代表的な「価格戦略」が「浸透価格戦略[2]」です．具体的ケースは次節で明らかにしますが，たとえば，1970年代，80年代における日本の対米自動車輸出のように，成熟した標的市場への参入戦略としては，きわめて有用な「価格戦略」といえるでしょう．この戦略も，「上層吸収価格戦略」同様，標的設定，標準化戦略，ミックス・フィットといった個戦略概念と深く結びついています．

「浸透価格戦略」とは，一言でいえば，P.L.C. 初期（「導入期」および「成長期」初期）における低価格戦略のことです．市場参入期において，低価格設定を行う目的は，「早期のマーケット・シェア獲得」と「絶対的な販売量の確保」です．日本には昔から"薄利多売"という言葉がありますが，「浸透価格戦略」は正に"薄利多売"をめざした「価格戦略」といえるでしょう．筆者は，「浸透価格戦略」の要件として，次の3点を挙げたいと思います．

〈「浸透価格戦略」の要件〉
① 一定レベルの品質と機能を備えていること
② マス顧客に受け入れられる製品特徴を備えていること（デザイン，ユーザビリティ等）
③ 競合企業がフォロー（追随）できないような低価格設定であること

要件の①から説明していきましょう．これは戦略以前の問題かもしれませんが，いわゆる"安かろう・悪かろう"では「浸透価格戦略」とはいえません．マス・マーケットにおいて，安心して受け入れられる「品質」と「機能」を備えている必要があります．では，ここでいう「一定レベルの品質・機能」とは，どの程度のものを指しているのでしょうか？　これについては，確固たる基準があるわけではありませんので，その時の需要環境と競争環境に照らし合わせて判断するということになります．たとえば，上述の成熟市場への参入

戦略の場合，参入先の成熟市場において最もポピュラーな製品の品質と機能ということになります．それらに合わせた製品グレードを，最低限確保する必要があるでしょう．

次に，要件の②についてです．この「価格戦略」の目的は，あくまで大規模市場の素早い獲得です．製品が差別性を備えていることは良いことですが，それがマス市場の嗜好からかけ離れていてはいけません．ユーザビリティも非常に重要な要素となります．マス市場で一気に受け入れられるためには，"簡単に扱える製品"であることが重要となります．

要件③にあるように，競合企業がフォローできないほどの低価格設定を実現することも非常に重要です．「価格」「品質」「機能」を完全に満足させる企業が他に存在しないというところに，この「価格戦略」の意味があるのです．そのためには，競合企業がすぐに追随できないような「低価格生産体制」を整えなければなりません．これまでの理論では，この「浸透価格戦略」は，主に，安価な日用雑貨品や加工食品などにおいて有効な「価格戦略」であるとされてきました．筆者は，この「価格戦略」は，それらのカテゴリー以外にも，需要環境や競争環境に応じて，広く用いることができると考えています．

(4) 価格戦略と標準化

さて，上述のとおり，「上層吸収価格戦略」・「浸透価格戦略」を実行するためには，戦略的価格設定としての諸要件を満たさなければなりません．とくに，それら要件の中でも，「他のマーケティング手段との整合性（ミックス・フィット）」は，マーケティング手段の「標準化」と係わりをもつきわめて重要な要件です．そこで本項では，戦略的マーケティングの枠組みの一つとして，マーケティング手段の「標準化」を取り上げ，「価格戦略」との関わりについて考察したいと思います．通常，戦略枠組みとしての「標準化」には，高価格設定に基づくものと低価格設定に基づくものがあります．筆者は，前者を「高価格標準化」，後者を「低価格標準化」と呼んでいます．「上層吸収価格戦略」

は「高価格標準化」の考え方に基づいており，「浸透価格戦略」は「低価格標準化」の考え方に基づいています．

ここでは，「高価格標準化」について考えてみましょう．今日，富裕層市場は一部の先進国に止まらず，グローバルなレベルで点在していますが，市場規模の伸びとその消費スタイルにおいて特徴的なのは，アジアの上層市場です．香港（正確には中華人民共和国香港特別行政府）の人口は 800 万そこそこと少ないですが，いうまでもなく，香港はアジア有数の富裕層市場として知られています．1 人当たりの GDP は 350 万円を超え，香港島の住人の 15％以上が年収 1,000 万円に達しています．そして，香港は近年，日本の食品企業の標的市場として注目を集めています．香港に居住する富裕層にとって，日本食レストランに行くことは健康を維持する上で欠かせないトレンディーな食生活スタイルであると同時に，自分たちのステータスを誇示するためのチャンスでもあるのです．こうした富裕層の日本食に対する嗜好は，香港に限ったことではありません．筆者は 2010 年 12 月に，インドネシアの首都ジャカルタにおいて，食品に関する消費行動調査を行いました．内需が急拡大しているインドネシアは，2 億 3 千万を超える人口を抱え，今や BRICs に続く有望市場としてグローバル企業から注目されています．実際，ジャカルタの富裕層市場およびアッパーミドル層（中間層の少し上の層）における日本食の人気は大変なものでした．香港においても，あるいはインドネシアにおいても，日系食品企業はアッパーミドルおよび富裕層顧客をターゲットにマーケティング手段の「標準化」を進めています．

さて，すでに本書第 6 講の 2．において，筆者は，ポーターの知見を踏まえ，「標準化」を行いやすい市場を"上層市場"および"情報感度が高い市場（高感度市場）"であるとしました．パソコンや情報端末やライフスタイルを提案するファッション誌を通じて，今日のアジアの富裕層（中層の上を含め）は，日本の消費生活に関する様々な知識や情報を共有しています．実際，アジア各地における富裕層の日系食品や日本食品に関する嗜好と知識は驚くほど似通っ

ているようです．筆者は香港の高級スーパーの来店客を中心にインタビューを行いました．なぜ日本の食品が好きなのかという質問に対して，「雑誌で読んだから」「インターネットで調べたから」「日本へ旅行した時に好きになった」といった答えが数多く返ってきました．情報豊富な上層顧客の存在があってこそ，「上層吸収価格戦略」と「製品標準化」は戦略として実行されうるのです．

3．上層吸収価格戦略と浸透価格戦略のショートケース（事例）

(1) 上層吸収価格戦略～メルセデス・ベンツ～

さて，それでは，戦略的マーケティングにおける代表的な価格設定方法である「上層吸収価格戦略」と「浸透価格戦略」について，すでに紹介した戦略の要件を踏まえつつ，具体的事例を紹介していきたいと思います．はじめに，「上層吸収価格戦略」についてです．

ここでは，「上層吸収価格戦略」の最もわかりやすい事例として，メルセデス・ベンツ（正確には，メルセデス・ベンツ日本株式会社）を取り上げます．ご存知のように，メルセデス・ベンツはドイツを代表する世界的な"高級乗用車"メーカーです．日本において，最も広く認知された外国車メーカーであると同時に，最も優れたブランド・エクイティを所有する外国車メーカーでもあります．同社の日本市場における戦略的マーケティングは大きく2つの時期に分けて考えることができます．第1期は1970～1980年代にかけてです．この時期は，ベンツ・ブランドの日本定着期です．戦略的マーケティングの初期段階といえるでしょう．この時期のメルセデス・ベンツの標的市場は日本の富裕層でした．代表的ラインアップはクラスCで，中心的な販売価格帯は700～800万円．ベンツ・ブランドの特長は，いうまでもなく「堅牢性」「安全性」「機能性」です．"高品質で高価"な自動車がベンツだったのです．流通は，きわめて限定的でした．販売ルートは，外国車ディーラーの中でも富裕層への強固な販売ルートをもつ「ヤナセ」（株式会社ヤナセ）です．当時の「ヤナセ」は"い

いものだけを世界から"のキャッチ・コピーで知られていました．このように，富裕層のみを標的市場として設定し，「高品質」「高価格」「限定的な流通」という選択的なマーケティング・ミックスを構成することにより，メルセデス・ベンツは"富裕層のみが乗ることができる堅牢な高級車"というブランド・イメージの形成に成功します．

　第2期（1990年代）に入ると，メルセデス・ベンツは，クラスAという最低価格帯が200万円台後半の車を発売し始めます．高級車ディーラーのみに頼らず，直轄の販社（ベンツ・ディーラー）を全国各地に設立し，富裕層より下の中間層，とくに若年中間層にターゲットを拡大したのです．戦略的マーケティングの変更といってもよいでしょう．メルセデス・ベンツは，「中間的な価格」「やや広めの流通」という新たなマーケティング・ミックスを用いて，見事に若年中間層市場に食い込みました．200万円台後半という価格設定であれば，若いビジネスマンであっても，ローンを組めば購入が可能になります．そして，この同社の新たな戦略ステージにおいて重要な役割を果たしたのが，第1期（1970～1980年代）において形成された"富裕層のみが乗ることができる堅牢な高級車"というブランド・イメージです．あのベンツ・ブランドを若い自分も所有することができるのです．果たして，クラスAは大ヒット商品となりました．

　その後，メルセデス・ベンツは，さらに燃費の良い2人乗りコンパクトカー「smart」（スマート）を別ブランドで発売します．この車も，第1期に形成された優れた商品イメージに後押しされて，大きな成功を収めました．まさに，メルセデス・ベンツの日本市場における成功は，「上層吸収価格戦略」によってもたらされたといっても過言ではありません．

(2)　**上層吸収価格戦略～マクラーレン～**

　では，もう一つ，日本市場において「上層吸収価格戦略」によって成功を収めているブランドの事例を紹介しましょう．マクラーレン（MACLAREN）と

いう乳母車のブランドがあります．このブランドは，航空技術者であったオーエン・マクラーレンが，自分の愛娘のために，1962年に世界ではじめて「傘式折りたたみ乳母車」を開発したのが始まりです．同社では，自社製品のことを乳母車（ベビーカー）ではなく，「ストローラー」(stroller：折りたたみ式ベビーカー）という名称で呼んでいます．現在，世界50ヵ国以上で販売されており，とくに欧米では高い人気を誇っています．「高いファッション性」「軽量性」「快適な居住性」（ベビーカーに「居住性」という言葉は少し変かもしれませんが，他に適切な言い方が見つからないので……）がマクラーレンのストローラーの特長です．ハリウッドの映画スターや人気サッカー選手等いわゆる欧米の"セレブリティ"たちが子育ての必須アイテムとしてこのブランドを使用しており，ファッション誌やニュース映像を通して，グローバルなブランド認知が広がりました．日本でも2003年から野村貿易が取り扱いを開始し，5年後の2007年には販売台数が当初の80倍に達し，シェアの10％を獲得するに至りました．

マクラーレンの日本市場参入のための戦略的マーケティングは，メルセデス・ベンツ同様，「上層吸収価格戦略」に基づくものです．従来の日本製ベビーカーは，平均小売価格が1～2万円．販売ルート（流通）は，デパート，大型スーパー，赤ちゃん用品の量販店が中心でした．また，従来，ベビーカーという製品カテゴリーにおけるブランド差別化要因は，上述の通り，「機能性」「安全性」「堅牢性」等に集約されてきました．一方，マクラーレンの販売価格は，きわめて高額に設定されています．最も標準的なモデルである「quest」（クエスト）というシリーズは，35,700～55,650円（2007年）が中心価格帯です．「上層吸収価格戦略」の定石を踏まえ，メルセデス・ベンツ同様，販売ルート（流通）は非常に限定的です．ベビー向け商品の高級専門店である「ファミリア」と日本トイザらスの直営店舗である「ベビーザらス」の2つの販売ルートに限定されています．現在も販売台数の90％以上が，これら店舗における実績です．近所の量販店で簡単に手に入ったのでは，標的市場である富裕層のブランド・エクイティを高めることはできません．ブランドの訴求点として

は，従来のベビーカーの特長に加え，「高いファッション性」「軽量性」「快適な居住性」が挙げられます．赤ちゃんと一緒に外出するお洒落なママのファッションにもフィットするデザイン．車の乗り降りもスムーズにできるコンパクトな設計．そして何よりも，赤ちゃんにとっての快適性．とくに，ブランド訴求点として，「ファッション性」や「居住性」を強調したのは，これまでのベビーカーとの大きな違いでした．

　マーケティング手段の間の整合性を考慮すること（ミックス・フィット）．そして，高価格に見合うだけの実質的な付加価値を有していること．前項で指摘したように，これらの要件を満たすことにより，販売初期におけるブランド・エクイティは揺るぎないものとなります．メルセデス・ベンツやマクラーレンの例をみるまでもなく，「上層吸収価格戦略」には，高付加価値化に基づくマーケティング・ミックスの形成が不可欠となるのです．

(3)　浸透価格戦略～1970～80年代における日本の自動車メーカー～

　以上，みてきたように，「上層吸収価格戦略」は「高価格標準化」という戦略枠組みと深く結びついています．これに対し，「浸透価格戦略」は「低価格標準化」（戦略枠組みとしての）との関連が深いといえるでしょう．「浸透価格戦略」の典型的なケースが，1970年代から80年代にかけての日系自動車メーカーのグローバル・マーケティング戦略です．この時期は，正に日本の自動車メーカーの海外市場参入期そして成長期でした．日系自動車メーカー各社は，既存の欧米メーカーに対して思い切った低価格路線を打ち出すと同時に，自社製品を徹底的に標準化し，戦略商品（あるいはキラー・プロダクツ）に経営資源を集中させました．"カローラ" "シビック" "アコード" etc.．これらの車は"安くて良い車"として，米国および欧州市場において一時代を築きました．今日のいわゆる"グローバル戦略車"の発想の原点は，この時代の「低価格標準化」にあったのです．

　こうした海外市場参入時における「低価格標準化」の枠組みの下，日系メー

カー各社は，価格戦略として「浸透価格戦略」を採用しました．前項で紹介した「浸透価格戦略」の要件をもう一度みておきましょう．要件の1番目は，「一定レベルの品質と機能を備えていること」でした．この時期のカローラは「故障の少なさ」と「低燃費」が売りでした（ほんとんどの日本車がそうでしたが……）．実質的な価値が十分に備わっていて，しかも低価格であるという点が，消費者にとってはきわめて重要だったのです．2つ目の要件は，「マス顧客に受け入れられる製品特徴を備えている」ということです．カローラには小型で運転がしやすいという特長がありました．ユーザビリティに優れた車という評判は，あっという間に全米市場に広がりました．セカンドカーが欲しい主婦層，小回りの効く車が欲しい都市生活者，富裕とはいえない若年層が争ってカローラを購入しました．要件の3番目は「他が追随できない低価格」ということです．この時期の米国の自動車（製造）産業はまだ十分に効率化されていませんでした．すでに"カンバン方式"を軌道に乗せていたトヨタとの生産効率の差は明らかでした．しかも，歴史と伝統をもつ全米の自動車労働組合に守られた米国自動車会社の労働コストは非常に高く硬直的なものでした．トヨタをはじめとする日本の自動車メーカーの価格をフォローすること自体，土台無理な相談だったのです．

　さて，このような「低価格標準化」を踏まえた「浸透価格戦略」を成功に導くために，もう一つ忘れてはならない重要な条件があります．それは，"成熟した"市場に参入するということです．言い換えれば，当該製品カテゴリーの市場が十分に成熟しているということが，戦略を成功させるためのキーとなるのです．成熟市場の顧客は目が肥えています．見せかけの製品ベネフィットや売らんがためのプロモーション活動には，容易に動かされません．繰り返しますが，成熟市場における既存製品と同等かそれ以上の実質的価値を備え，しかも低価格であるという点が最も重要なのです．現在でいえば，中国製の白物家電を思い浮かべて下さい．「ハイアール」に代表されるそれら中国製白物家電の基本性能や品質は，すでに，ベーシックなラインの日本製品のそれと同等で

す．日本という家電の成熟市場において，低価格の「ハイアール」はすでに確固たる地歩を築きつつあります．

(4) ローエンド市場獲得戦略

　本節では，基本枠組みとしての「低価格標準化」，およびそれを踏まえた「浸透価格戦略」について説明してきました．こうした低価格戦略の実効性（あるいは汎用性）をより一層高めたものが，ここで紹介する「ローエンド市場獲得戦略」です．ローエンド市場への参入戦略をはじめて理論化したのは，ハーバード・ビジネス・スクール教授のクレイトン・クリステンセン（Clayton M. Christensen[3]）です．クレイトン・クリステンセンの理論は，厳密にいえば，「浸透価格戦略」のそれと同一のものではありません．しかし，「一定レベルの品質と機能」「マス市場に受容される製品特長」「追随不可能な低価格」という低価格戦略の3要件を満たしているという意味において，両者はきわめて類似しています．そして，中小規模の企業が，価格戦略を中心的手段としたマーケティング・ミックスにより"成熟したマス市場"に参入しようする時，「ローエンド市場獲得戦略」はきわめて有用となります．"成熟したマス市場"という存在があって，はじめて効力を発揮する戦略なのです．

　マス市場が成熟していくと，製品の性能や品質は向上していきます．さらに市場の成熟化が一層進行すると，やがては顧客の現実的なニーズをはるかに超える付加価値を有する製品が現れます．こうした企業間の製品差別化競争は，マーケティング・コストを引き上げ，市場価格も上昇傾向になります．こうしたいわば"超"成熟市場の到来は，消費者を"品質や機能は並みのレベルでも，価格が安い方を選ぶ"という購買行動に向かわせるようになります．このようにして「ローエンド市場」が出現します．わかりやすくいえば，高付加価値製品が過当競争を行っている成熟市場の下部に，この市場は形成されるのです．もちろん，「ローエンド市場獲得戦略」におけるマーケティング・ミックスは「低価格標準化」を踏まえており，そこにおける価格設定は「浸透価格戦

略」を採用しています．

　これまで，新興国の企業において生産された多くの製品が，欧米の成熟市場に参入していきました．それらの多くが「低価格標準化」や「浸透価格戦略」，そして「ローエンド市場獲得戦略」により成功してきました．前節で取り上げた米国市場における日系メーカーの自動車，あるいは「ハイアール」に代表されるアジアの家電製品（白物家電）の日本市場参入等がその代表的な例です．先述したように，既存製品と同等かそれ以上の実質的価値と追随できないほどの低価格が，それらの製品の"売り"でした．

　さて，先に，「上層吸収価格戦略」は，上層顧客⇒中層・大衆顧客と標的市場を移行させる段階的戦略であるといいました．実は，同じように，「ローエンド市場参入戦略」においても段階的参入が行われる場合があるのです．初期市場参入時には追随できないほどの低価格設定で，その後，品質や機能やブランド力の向上に伴い，上層市場に参入（いわば溯上）していくというケースです．米国におけるトヨタ自動車がそうでした．「浸透価格戦略」でローエンドの市場を押さえた同社は，良質なディーラー網の整備，品質のさらなる向上，ブランド力の強化を果たし，戦略高級車である「レクサス（Lexas）」により，上層市場への移行を果たしたのです．トヨタにとって，これはけっして容易い道ではありませんでした．品質とサービス向上のための忍耐強い努力の結果であることは，いうまでもありません．

注）
1），2）熊田喜三男編著，前掲書，2000年，pp.147-148.
3）ローエンド戦略の重要性については，下記の書に詳しい．
　Clayton M. Christensen, *The Innovator's Dilemma,* Harper Paperbacks, 2003.

第9講
流通戦略

1．流通および流通戦略とは

(1) 流通について考えるための視点

　市場適応のための手段の3つ目は「流通」です．マーケティング目的を達成するための戦略的な流通ルート構築方法のことを，ここでは「流通戦略」と呼ぶことにします．市場適応に成功するため，「流通」をいかに捉えるべきでしょうか？　あるいは，「流通戦略」をどのように考えるべきでしょうか？　「流通」は，当然のことながら，市場における適応活動にストレートな影響を及ぼすきわめて重要なマーケティング手段です．とくに，その戦略の良し悪しが直接に売上高と利益に反映するという意味において，他のマーケティング・ミックス（「製品」「価格」「プロモーション」）にはないダイナミックな特質を備えています．

　"流通とは何か？"という単純な問いを大学学部の学生に投げかけると，学生の幾人かは，"流通とは，様々な運送手段を用いて，消費者のもとに製品を届けること"であると答えます．これは，「物流」について答えたもので，残念ながら，「流通」についての説明にはなり得ません．確かに，「物流」は「流通」を構成する重要な要素でありますが，この二者は同一の概念ではないのです．「流通」は"モノの流れ""カネ（金）の流れ""情報の流れ"をすべて含む統括的な概念です．また，一昔前，といっても1960年代から1970年代にかけて，流通は"暗黒大陸"であるということが良くいわれました．どんな危険が潜むかわからない未知の大陸のようなものであるというのです．各市場には多くの文化的・社会的影響因が存在し，それらが複雑に絡み合って「流通」を

左右しているという事実を，かなり悲観的に言い表したのがこの言葉です．以上からもわかるように，「流通」とはきわめて広範かつ包括的な概念であり，市場を大きく取り囲む多種多様な文化的・社会的環境の影響を受け続けています．本書では，適切な「流通戦略」を構築するための手がかりとして，「流通」という幅広い概念を次のような視点で捉えてみたいと思います．

〈「流通」について考えるための3つの視点〉
① "マクロ"の「流通」と"ミクロ"の「流通戦略」について複眼的に捉えること
② 「流通」に影響を及ぼす「文化的環境」と「社会経済的環境」について考えること
③ 顧客と企業を結ぶ双方向の情報流通に着目すること

ここで，上記①について少し補足しておきたいと思います．通常，大学においては，マクロな視点による「流通」については，流通論や流通システム論といった講義で学びます．これらは市場における流通の全体像（全体システム）について学ぶものです．これに対し，ミクロ視点の「流通戦略」は，適応行動としてのマーケティングの範疇に含まれます．筆者は，全体システムである「流通」を先に学んだ上で，ミクロな戦略である「流通戦略」について考察することが適切な戦略構築には不可欠であると考えています．本書でも，初めにマクロな「流通」について学び，その後，ミクロの「流通戦略」について考察します．

(2) マクロの「流通」とミクロの「流通戦略」

では，前項における3つの視点の1番目，"マクロ"の「流通」と"ミクロ"の「流通戦略」について考えてみましょう．さらには，それらを踏まえ，「流通」に影響を及ぼす「文化的環境」と「社会経済的環境」についてもみて

図9―1　流通「マクロ視点」と「ミクロ視点」

・「マクロ視点」からの理解

> Traditional Trade (T.T.)
> vs.
> Modern Trade (M.T.)

> 地域の伝統的流通システム
> vs.
> 大規模量販店の「パワー」を軸とした流通

・「ミクロ視点」からの理解
　販売ルート構築

いくことにします．ここでいう"マクロ視点"とは，物事を全体として観察するということです．すなわち，市場における「流通」(「モノ」「カネ」「情報」の流れ)を，個別企業の適応戦略という視点ではなく，全体システムとして観察・分析・把握するということです．いうなれば，"マクロ"な流通とは，個別企業が「流通戦略」を実行する際の所与の環境条件であるということができるでしょう．そして，環境条件としての"マクロ"な流通は，他の市場環境と同様，市場を取り巻く「文化的環境」や「社会経済的環境」の影響を色濃く受けざるを得ません（図9―1参照）．

"マクロ"視点で「流通」を論じる場合，しばしば問題となるのが，「トラディッショナル・トレード」と「モダン・トレード」の違いです．「トラディッショナル・トレード」とは，地域市場における「伝統的流通」のことで，T.T.(Traditional Trade) と略されます［以下，T.T.と表記します］．「モダン・トレード」とは，いわゆる「近代的（現代的）流通」のことで，こちらはM.T.(Modern Trade) と略されます［以下，M.T.と表記します］．これら2つのマクロ流通の概念は，それぞれに特徴的な店舗形態や流通構造（システム）から成り立っています．T.T.に属する店舗形態は，いわゆる伝統的な地域性の強い小規模な小売業態です．いわゆる地場の専門店，俗にいう"パパママ・ストア"がこれに当てはまります．また，T.T.においては，商取引の効率性よりも歴

史的・伝統的な商取引のスタイルが重んじられ，その流通構造は硬直的で複雑なものになります．一方，M.T. に属する店舗としては，スーパー・マーケットやディスカウント・ストア，ホールセール・クラブといった大規模な近代的小売業態が挙げられます．M.T. の流通構造は，T.T. とは正反対の効率性重視かつシンプルなものになります．これら T.T. あるいは M.T. という言葉は，アカデミア（学界）よりも，むしろ流通実務の世界において，頻繁に用いられる専門用語です．つまり，取り扱う製品カテゴリーを問わず，メーカーの営業マンは，T.T. を担当する販売部隊か M.T. を担当する部隊のいずれかに属するのがふつうです．

　通常，"マクロ"流通が，T.T. 中心の構造か，M.T. を主体としたものになるかは，当該市場を取り巻く「文化的環境」や「社会経済的環境」の様態によって決まります．また，市場の文化的および社会経済的特質は，歴史的・伝統的な商取引形態である T.T. の内容（細部）にも多大な影響を及ぼします．ですから，企業がミクロ・レベルでの「流通戦略」を策定するに際しては，標的市場における「文化的環境」や「社会経済的環境」の様態およびそれらが及ぼす影響力の強さについて，十分に観察・分析しなければなりません．さらには，マクロ・レベルの「流通」において，T.T. と M.T. のいずれが支配的なのか，仮に T.T. が支配的であるとすれば，それはどのような構造と特質をもっているのかについても十分に検討する必要があります．次節では，伝統的流通である「トラディッショナル・トレード」（T.T.）の本質について，実例を挙げて説明したいと思います．

(3) トラディッショナル・トレードの本質

　さて，前項で述べたように，ある特定市場におけるマクロな流通が，T.T. を中心としたものか，あるいは M.T. を中心としたものになるかは，市場を取り巻く「社会経済的環境」や「文化的環境」の様態によって異なります．

　次節（本講 2.）において詳述しますが，日本のマクロ流通が諸外国（とくに

欧米) のそれと比べて特徴的なのは, T.T. と M.T. が混在しているという点です. 大型スーパー・マーケットやホールセール・クラブ等に代表される新しい大規模小売業態をみる限り, 日本の流通は完全に M.T. に支配されているようにみえます. しかし, 実際のところは, 店舗数だけでみれば, 地場の専門店の数は近代的大規模小売店舗の数を大きく上回っています. 日本の消費者は, マクロ流通の効率化による小売価格の低下や購買行動における利便性を歓迎する一方で, 伝統的・歴史的な小売業態 (上記, 地場の中小規模専門店) が提供してくれる商品やサービスの品質の高さをも重要視しているのです. さらにいえば, こうした日本人の店舗選択行動は, 実利志向のみならず, 日常生活における人と人との繋がりにおいて, 地域的・歴史的な関係性や心情的な結び付きを重んじるという行動特性が私たちの社会の中にまだ根強く残っているということを意味しています. 地域の中での"付き合い", 家族ぐるみの"付き合い", 父母の代・祖父母の代からの"付き合い"が, M.T. が発達した今日においても, 店舗選択行動に大きな影響を及ぼしているのです. 日本のマクロ流通において T.T. と M.T. が混在している大きな理由が, こうした購買行動における保守性であるといえます.

　こうした"購買行動における保守性"という「文化的環境」が, "地場の中小規模専門店の存在"という「社会経済的環境」と結び付き, これまでの日本のマクロ流通を形作ってきました. そして, 筆者がみるところ, このような「文化的環境」と「社会経済的環境」の様態は日本に固有のものではなく, マクロ流通を取り巻く同様の状況は, 東アジアの各市場 (地域市場) においても確認することができます. 現在, ベトナムには, 欧米系やアジア系の小売外資が相次いで進出しており, 主要都市の中心部や郊外に M.T. の象徴ともいえる著名ハイパー・マーケットが開店しています. いわゆる"都市若年中間層"を中心に, これらの店舗は常にごった返しています[1]. 一方で, 各地域に存在する従来の公設市場 (ベトナム語で"ホム"といいます) にも, 所得のレベルを問わず, 数多くの消費者が訪れます. ベトナム人の購買行動は日本人のそれと非常

によく似ています．M.T.の利便性を享受しながらも，生鮮食料品やお目当ての（ブランド・ロイヤリティの高い）商品については，昔から繋がりのある"お馴染の"商店主から購入するのです．ベトナム人は，文化的には，いわゆる"ムラ"や"一族"への帰属意識がきわめて強い人びとであるといわれています．自分が生まれ育った場所，住んでいる処，家族や親せきとの関係が，日常生活に大きな影響を及ぼします．こうしたベトナム人の消費活動を取り巻く「文化的環境」が，公設市場や小規模専門店（食品雑貨店）や屋台の多さという「社会経済的環境」と結び付き，ベトナムのマクロ流通のあり方を特徴付けているのです．

(4) 流通戦略

次に，ミクロの視点から，市場適応行動としての「流通戦略」について考えてみましょう．企業がミクロ・レベルでの「流通戦略」を策定する際しては，マクロ流通を取り巻く「文化的環境」や「社会経済的環境」の様態およびそれらが及ぼす影響について，観察・分析しなければなりません．幼稚な例えで恐縮ですが，未知の海原にヨットで繰り出す場合を考えてみて下さい．出港地から目的地となる港まで，効率良く最短時間で到着するためには，当然のことながら，航路に関する様々な情報を事前に入手・分析しておく必要があります．以下に，筆者が考える「流通戦略」策定に関する注意点を挙げておきます．

〈流通戦略に関する注意点〉

① T.T.（伝統的流通），M.T.（近代的流通）の選択について，自由かつ臨機応変に考える
② 他のマーケティング手段との組合せ（マーケティング・ミックス）を考える
③ 流通ルート（経路）とは，顧客との情報交換ルートのことである

わが国のマクロ流通の状況下において，具体的にどのような「流通戦略」を採用すべきかについては，本講3．において詳述いたします．ここでは，上記3つの注意点の内容について，概観しておきたいと思います．はじめに，①のT.T.（伝統的流通），M.T.（近代的流通）の選択についてです．今日，多くの市場において，T.T.とM.T.の混在がみられます．前述したように，日本を含む東アジアのマクロ流通においては，小売店舗数では，未だにT.T.がM.T.を圧倒している状況です．そして，こうした状況が，地域における「社会経済的環境」や「文化的環境」の所産であることを考えれば，経済合理性（流通の効率化）だけを盾にM.T.のみに依拠した「流通戦略」を立案・実行することは，必ずしも上策とはいえません．T.T.に基づく「流通戦略」とM.T.に基づく「流通戦略」を臨機応変に取捨選択することが必要になります．

次に，②のマーケティング手段の組合せ（マーケティング・ミックス）についてです．これについても，具体的ケースを本講3．において示しますが，「流通」と「価格」ならびに「ブランド」（製品手段のサブ・ミックス）がきわめて重要となります．とくに，「流通」と「価格」の組合せによる市場適応については，「上層吸収価格戦略」（メルセデス・ベンツ等のケース）においてすでに触れておきました．

注意点の③は，流通ルート（経路）の本質についてです．流通ルートは，商取引行為のための定量的データの交換（いわゆる商流）および取引対象となる商品の搬送（いわゆる物流）のためだけのものではありません．市場適応に成功するためには，顧客との"リアルな接点"である流通ルートから，多種多様な定性的情報を獲得する必要があるのです．広く戦略的マーケティングの視点に立てば，企業と顧客の間にインタラクティブな（双方向の）情報伝達の道筋を設置することも，「流通戦略」の重要な役割の一つなのです．

2．日本的流通とは

(1) 日本的流通の特質

　前節では，日本のマクロ流通の特質は，T.T.とM.T.の混在にあるといいました．こうした日本におけるT.T.中心の流通を表現する言葉に，流通の「多段階性・過長性」というものがあります．「多段階性・過長性」とは，メーカーにおける生産段階から最終消費者までの間が（つまり流通ルートが），多段階構造となっており，しかもそれが長過ぎるという意味です．一般的に，T.T.が"多段階"で，しかも"長過ぎる"のは，流通ルートに多くの流通業者が関与しているからです．数多くの流通業者（中間流通業者，卸あるいは問屋）が流通ルート上に存在し，多段階構造を形成しているのが，日本のT.T.なのです．

　これまで，流通の「多段階性・過長性」という表現は，ネガティブな意味で用いられてきました．数多くの卸（問屋）が流通ルート上に存在する結果，流通コスト（中間マージン，物流・保管コストなど）が膨らみ，最終的には消費者価格の上昇を招く．日本の流通は，きわめて非合理的であり，消費者利益を大きく阻害しているというわけです．さらに，従来，このような"非合理論"は，いわゆる"卸＝無用論"として，盛んに喧伝されてきました．中間流通に卸が多く介在するシステムは非効率的であり，早急に是正されるべきであるという議論です．近年はあまり積極的に用いられませんが，マクロ流通への中間流通業者（卸）の介入度合いを示す指数に，WR指数というものがあります．WはWholesaler（問屋・卸）を意味し，RはRetailer（小売店）を表わします．W（問屋・卸）の年間総売上額をR（小売店）の年間総売上額で割ったものがWR指数で，通常，小数点3ケタまでの数字で算出されます．この数字が1.0より大きいということは，Wholesaler（問屋・卸）の総売上金額の方がRetailer（小売店）の総売上金額よりも大きいということを意味します．すなわち，その場合には，マクロ流通全体に占める中間流通業者の割合が大きいということで，マクロ流通が非効率的あるいは非合理的であると考えられます．1980年代に

おいて，欧米諸国のWR指数が1から2であったのに対し，日本のそれは千を超えていました．バブル崩壊後はマクロ流通の合理化が進み，現在では3から3以下にまで下がっています．実際は，WR指数の求め方には様々な問題点があり，現在では，以前ほどは用いられていません．しかし，そうした問題点を差し引いても，日本型流通は中間流通業者の介在が非常に多い流通システムであるといえそうです．

　本書では，上記のような状況を踏まえ，日本の流通のかなりの部分を占めるT.T.に対する諸批判（"非合理論"および"卸＝無用論"といったネガティブな表現に代表される……）を今一度検討した上で，企業の「流通戦略」を考えてみたいと思います．前述したように，マクロ・レベルでの流通上の特質は，地域固有の「文化的環境」や「社会経済的環境」によってもたらされます．日本のT.T.も，特殊日本的な市場環境を踏まえて，形作られたものなのです．筆者は，これを所与の社会経済的・文化的条件として受け入れた上で，ミクロの「流通戦略」について考えたいと思います．次項以下では，流通の「多段階性・過長性」を生み出した市場環境について明らかにします．

(2)　日本のトラディッショナル・トレード〜遅れ論と違い論〜
　流通ルートの「多段階性・過長性」を特徴とする日本のT.T.に対する"非合理論"あるいは"卸＝無用論"は1960年代から叫ばれ続けてきました．とくに，1980年代の日米貿易摩擦問題において，日本的流通の非合理性が（米国企業および米国政府により）激しく糾弾されました．この時期，米国の対日貿易赤字は570億ドル（1987年）を越え，時のレーガン政権は，制裁措置をちらつかせながら，個別分野における輸入数値目標の設定を日本に迫りました．やがて個別分野で交渉しても対日赤字が減少しないことを知った米国政府は，問題の背景には経済システムがあるとして，日本的流通（マクロ流通）の改革を求めてきたのです．「多段階性・過長性」を特徴とする日本の伝統的流通そのものが，米国企業（メーカー）参入にとっての"non-tariff barrier"（非関税障壁）

であるというのです．

　この頃，日米の流通研究者の間には，"違い論" "遅れ論"という論議がありました．日本・米国間のマクロ流通システムの違いは，両国の市場を取り巻く「社会経済的条件」「文化的条件」の差異により生じるもので，経済合理性を根拠にその優劣を決められるものではないというのが "違い論" です．これに対して，非合理的な日本の T.T. は欧米の流通に比べて明らかにシステムとして遅れているというのが "遅れ論" です．もちろん米国政府および米国企業の主張は，この "遅れ論" の視点によるものでした．この時期の米国のジャーナリズムは，日本のマクロ流通を "ビザンチン様式" と表現しました．日本はクラシックで古ぼけた T.T. から一刻も早く脱却し，大規模流通業のパワー（Power）を軸とした M.T. に移行すべきであるというのが，米国側および "遅れ論者" の主張でした．

　さて，実は，日本において "遅れ論" がはじめて主張されたのは，これより 20 年も前の 1962 年のことでした．当時，気鋭の流通経済学者であった林周二が自著『流通革命』において，いわゆる "問屋無用論" を展開したのです．林の主張は明快でした．日本の経済成長に伴い，パワーをもつ大規模小売業が台頭し，さらには大型メーカーが伸長していけば，流通ルートの両端を占めるこれら大企業同士の直取引が始まります．大規模小売業と大型メーカーが経済合理性に基づき行動（直取引）すれば，流通ルートの間に介在していた無数の中間流通業者は次第に淘汰されていき，遠からず，日本のマクロ流通は非合理的な遅れたシステムからパワーを軸とした M.T. に移行するというのです．こうして，日本に数多く存在している問屋は，やがては "無用" になります．さらに，林は次のような "予言" を行いました．問屋が "無用" の存在となり，マクロ流通が M.T. へと完全に移行した時，日本の流通システムは極限まで効率化され，消費者物価は 2 分の 1 までに下落すると．

　残念ながら，林のこの "予言" は的中しませんでした．先にみたように，日本における WR 指数（小売・卸売上比）は，2010 年の現在なお，1.0 には及び

ません．問屋（あるいは卸）は無用の存在とはならず，日本の伝統的流通の中で一定の役割を果たしています．また，日米の"遅れ論者"の願いも空しく，日本の小売店舗数の7割以上が，未だT.T.業態である地場の中小小売専門店です．このように，「多段階性・過長性」を特徴とする日本のT.T.は，きわめて硬直的かつ継続性のある流通システムであるということができるのです．

(3) 日本的流通の形成要因

「多段階性・過長性」を特徴とする日本の伝統的流通は，きわめて硬直的かつ継続性のある流通システムです．林周二の"予言"は的中しなかったばかりか，流通ルートの両端を占める大規模小売業と大型メーカーが発展するとともに，両者の間に介在する数多くの問屋（卸売業者）もまたその勢力を拡大させていきました．少なくとも，これまでの日本においては，大規模小売業・大型メーカーと中間流通業者は，流通マージンをめぐる"ゼロ・サム"の関係にはなく，むしろ共存共栄の幸福な関係を保ち続けてきたのです．両者は長い間，太い絆によって結ばれてきました．筆者は，このような日本の伝統的流通（T.T.）形態の形成要因を以下の3つとみています．企業（メーカー）が日本市場において「流通戦略」を策定する場合には，これら3つの要因をしっかり踏まえなければなりません．

〈日本的流通の形成要因〉
① 商取引における人的・歴史的関係の尊重
② 小売業の零細性
③ 卸機能の多様化（とくに，「回転差資金」の重要性）

これら3つの形成要因のうちの①（人的・歴史的関係の尊重）は，文化的環境要因です．また，②（小売の零細性）は社会経済的環境因ということができるでしょう．要因①の内容については，前節(3)「トラディッショナル・トレー

ドの本質」においてすでに述べましたので，ここでは，②③について説明したいと思います．

　先述したように，今日なお，日本の総小売業者の7割以上が地場の小規模専門店（パパママ・ストア）です．圧倒的多数を占めるこれらの零細小売業にとって，重大かつ日常的な問題は，仕入代金決済と商品販売の間のタイムラグです．通常，小売店がメーカーもしくは卸から商品を仕入れた場合，数ヵ月後に仕入商品の代金決済を迎えます．小売店はそれまでの間に，仕入原価にマージンと諸経費をのせて顧客に販売しなければなりません．当然のことながら，売り切れない場合は「キャッシュ・フロー」（資金繰り）が悪化することになります．大規模小売業は仕入決済時期の異なる多種多様な商品を販売していますから，「キャッシュ・フロー」のポートフォリオが組めます．資金ショートのリスクは，零細小売業に比べて，それほど大きくはありません．こうした仕入決済点と販売点の間の期間において必要となる店舗維持のための"つなぎ資金"のことを，「回転差資金」といいます．

　日本の卸（問屋）の最も重要な機能の一つが，実は，こうした「回転差資金」の負担機能，すなわち「金融機能」なのです．歴史的あるいは地域的な繋がりのある"お馴染"の卸（問屋）は，零細小売店が商品を売り切るまで，決済を引き延ばしてくれます．これは，卸（問屋）が「回転差資金」を融通していることに他なりません．かくして，日本の流通において多数を占める零細小売店は，特定の卸（問屋）から離れられなくなるのです．以上が，日本のT.T.に特有な「多段階性・過長性」の社会経済的な要因です．

(4)　日本の流通はなぜわかりにくいのか？

　人的関係や小売零細性といった環境要因により，卸（問屋）機能が重要視され，結果として日本のT.T.が多段階化すること自体，それほどわかりにくいことではありません．むしろ，日本の流通がわかりにくいのは，社会経済的環境要因や文化的環境要因により生まれたこうした伝統的なマクロ流通の中に，

近代的な流通システム（M.T.）が混在していることにあります．伝統的な卸（問屋）が機能強化により，小売との繋がりを強化しようとする一方で，大規模小売企業はバイイング・パワー（購買能力）を盾に価格決定権をその手に握ろうとします．あるいは，大規模小売企業は，様々な新業態を開発することにより，小売市場における絶対的シェアを高め，自社小売ブランドの強化を図ります．PB（Private Brand：プライベート・ブランド）の開発も，大規模小売業の販売基盤強化さらには経営効率アップのためには欠かせない戦略となっています．

　筆者は，こうした日本の中間流通における複雑な競争状況は，流通ルートの末端に位置するメーカーや消費者にとってはむしろ歓迎すべきことではないかと考えています．いかなる競争であっても，正当かつ公平に行われるのであれば，それは消費者に大きな利益をもたらします．購買ルートの選択肢が増えれば，小売サービスも当然のことながら向上するでしょう．また，中間流通における競争激化は，メーカーにとっても悪いことではありません．適応戦略全体との整合性（いわゆるミックス・フィット）を保ち，さらには販売経路の交通整理さえ怠らなければ，より多くの業態において自社製品を取り扱ってもらえることになるからです．メーカーにとっても，本来，こうした中間流通段階での競争激化は歓迎すべき状況のはずです．

　日本のマクロ流通がきわめてわかりにくいのは，中間流通段階におけるT.T.小売業態とM.T.小売業態の競争激化が特定の「商慣習」と結び付いているからです．卸売業が大規模小売業の圧倒的なバイイング・パワーに対抗するためには，人的・歴史的な結び付きや機能上での優位性（金融機能などに代表される……）を強化し，それらをうまく制度化してしまうことがきわめて有効です．「押し付け販売」「帳合制」「リベート」といった取引慣行は，「商習慣」としては以前から日本に存在しますが，1970年代以降，大規模小売業の台頭に対抗する形で，流通業者の間で制度化されました．また，「派遣店員」「協賛金」「返品」「委託販売」についても，それらの存在自体は以前からあるもの

の，大規模小売業との取引における「商習慣」として定着した背景には，大規模小売業による伝統的卸売業に対するパワーの行使という状況があります．

もちろん，流通に関する「商習慣」はどこの国にも存在します．そして，それら「商習慣」がM.T.における取引に影響を及ぼすことも，とくに珍しいことではありません．大規模小売業からの「協賛金」や「派遣店員」の要求は，アジアの小売市場においては頻繁にみられることです．日本のマクロ流通における本質的な問題は，「商慣習」がT.T.とM.T.をめぐる流通支配競争の"切り札"になっており，その"切り札"がT.T.の「多段階性」や「過長性」と相まって，メーカーの「流通戦略」を混乱させていることなのです．

3．流通戦略

(1) 従来のチャネル選択基準

以上，わが国のマクロ流通の現状を十分に理解した上で，企業は流通ルート（流通経路）設定について考察しなければなりません．T.T.・M.T.の混在，多段階性・過長性，あるいは根強く残っている「商慣習」などを考え合わせれば，それはあらゆる市場環境およびその変化に柔軟に対応できるものでなければなりません．

「価格戦略」同様に，流通ルートの設定は，戦略的マーケティングにおける市場適応の考え方に沿った戦略的な方法と，そうではない従来型の方法に分けられます．ここでは従来型の流通ルート策定方法について，その妥当性は別として，概観しておきましょう．従来の考え方によれば，メーカーが流通ルートを設定する際の基準は「チャネル選択基準」として知られています．メーカーは「チャネル選択基準」に従い，自社の「チャネル政策」を決定します．「チャネル政策」は，一般的に，「開放的チャネル」「選択的チャネル」「特約チャネル」の3つに大きく分類されます．「チャネル政策」の詳細については次項で述べますので，ここでは「チャネル選択基準」について説明したいと思いま

す．これまでの考え方に基づけば，チャネル選択は製品構成要素を基準に行われてきました．

〈チャネル選択基準〉
① 製品単価
② 製品技術
③ 製品耐久性

　何人かの研究者は，4番目の基準として，ここに製品の「ブランド力」を加えています．そして，「ブランド力」のある製品は広く市場に受け入れられている製品であるから，チャネルは必然的に開放的になるとしています．しかし，戦略的に考えれば，先述の上層吸収価格戦略で説明したように，限定的なターゲットに対して選択的な（狭い）流通ルートを設定する場合もあるわけで，こうした考え方には同意できません．「ブランド力」ではなく，製品の「大衆性」あるいは「一般的な知名度」とでもいうべきかと思われます．
　さて，①の「製品単価」とは，文字通り価格のことです．一般に，「製品単価」が安ければ，より広範な消費者に大量に購入してもらう必要があるので，チャネルは開放的かつ多段階の長いものになるとされています．さらに，②の「製品技術」についてですが，一般的に，技術が高度な場合は，どうしても製品のアフターサービスが不可欠となります．小売業者では専門的な保守・修理はできません．あるいは，流通ルートが多段階の場合は，メーカーとしても迅速な対応が難しい場合が出てきます．技術性の高い製品の場合は，チャネルは短くなるといわれています．選択基準の③は製品の耐久性です．賞味期限のある加工食品など製品の耐久性が低い製品は，耐久性が高い製品よりも，チャネルの長さが短くなるとされています．

(2) 従来の（戦略的ではない）チャネル政策

前項でみたように，これまでの流通ルート設定の理論に従えば，「チャネル選択基準」に基づく「チャネル政策」は次の3つに分類されます．

〈チャネル政策〉
① 開放的チャネル
② 選択的チャネル
③ 特約チャネル

①の「開放的チャネル」は，自社の製品をできるだけ広範に流通させようとするチャネル政策です．基本的には，M.T.であるかT.T.であるかを問わないわけですから，多く中間流通業者が介在することになり，流通ルートは必然的に広くかつ長くなります．前節の「チャネル選択基準」でいえば，製品単価が安い場合，製品技術が高度ではない場合，製品に耐久性が備わっている場合に，このチャネル政策が適用されます．②の「選択的チャネル」は，メーカーの基準に沿って流通業者を選別しようとすることです．ただし，このチャネル政策は，戦略的マーケティングの視点から，マーケティング・ミックスの一要素である「流通」を動かそうというものではありません．チャネル選択の基準としては，前節における製品ベースのチャネル選択基準の他，流通業者の資金力，同じく事業規模，同じくメーカーへの忠誠度などが挙げられます．これら流通業者選択のための基準は，あくまで売上と利益の増大を図るため，「流通」手段を単独で用いようとするものです．③の「特約チャネル」も，狭い流通ルートを志向するという意味においては，一種の「選択的チャネル」であると筆者はみています．専属販売店あるいは代理店などを設置することにより，流通に対する支配力（強制力）を強めようとするのがその狙いです．

では，こうした従来型の「チャネル選択基準」および「チャネル政策」の問題点とは何でしょうか？　問題は2つあると筆者はみています．問題の1つ目

図9—2　従来のチャネル選択基準

メーカーによるこれまでのチャネル構築

```
［チャネル選択基準］
　製品単価，製品技術，製品耐久性，ブランド力

［チャネル政策（戦略）］
　開放的チャネル　⇔　選択的チャネル・特約チャネル
```

は，これら従来型の流通ルート設定に関する基準や政策が，市場状況に対する正確かつ全体的な考察を踏ま・え・て・い・な・い・という点です．「チャネル選択基準」である製品単価，製品技術，製品耐久性といった事柄は，あくまでも"自社の経営資源"の状況であり，なおかつ市場環境がもたらす"結果"に過ぎません．企業（メーカー）を取り巻く外部環境としての市場，企業行動の"直接因"としての市場に対する考察や分析はそこにはないのです．言い換えれば，「生産者」としての自社と「流通業者」という相手方との間のパワーの比較という"対立の構図"に基づいて，意思決定がなされているのです．問題の2つ目は，このような「チャネル政策」が，"マーケティング手段のトータルな組合せ（マーケティング・ミックス）を用いて効率的に市場適応を果たす"という戦略的マーケティングの視点をまったく踏まえていない点です．つまり，本項の標題にある通り，従来の理論に基づく「チャネル政策」（流通ルート策定）は，"戦略的ではない"のです（図9—2参照）．

(3)　流通戦略の本質

　"戦略的な"流通ルートの設定とは，短期的な利益獲得のために流通業者に対してパワーを発揮することではなく，効率的かつ長期的な市場適応に成功するために，市場の"主役"である顧客との双方向の結び付きを作り上げることです．そのためには，前述のように，流通ルートを含んだマーケティング手段のベスト・ミックスを作成することが不可欠となります．

　ここで再度，本講1．に戻り，流通戦略に関する注意点をみてみましょう．

注意点の ① として,「T.T.(伝統的流通), M.T.(近代的流通)の選択について, 自由かつ臨機応変に考える」ことが重要であると述べました. 流通ルート設定に際しては, T.T. と M.T. のどちらか一方を選択すべきであるという"二者択一"の発想ではなく, 与えられた市場環境とその変化に応じて, T.T. と M.T. を使い分けることが重要なのです.

注意点の ② は,「流通ルート」と「他のマーケティング手段との組合せ(マーケティング・ミックス)を考える」でした. 市場の"主役"である顧客との双方向のコミュニケーションを考える場合, 企業は顧客が自社製品に対して抱いている「イメージ」を把握しなければなりません. さらには, そうした「イメージ」を製品の販売に結び付けなければなりません. 本書第7講では, こうした顧客が抱く製品イメージを「ブランド・エクイティ」(Brand Equity) として説明しました.「ブランド・エクイティ」は消費者がもっているブランド資産であり, 消費者の商品選択行動や購買行動の誘発因となるものです. そして, この「ブランド・エクイティ」は, マーケティング・ミックス構成要素である「製品」に所属します. マーケティング手段としての「流通ルート」は, 同じく手段としての「製品」(あるいは, そのサブ・ミックスである「ブランド」) と深く結び付いているのです. また, すでに, 第8講の価格戦略においてみたように, マーケティング手段としての「流通ルート」は「価格」とも強いつながりを有しています. 効果的な「価格戦略」には, 標的市場の明確化と「流通ルート」の限定化が不可欠です. たとえば, 上層吸収価格戦略においては, 上層もしくは富裕層市場とのコミュニケーションの構築が不可欠となります. 流通ルートもそのような標的市場に合わせ, 当然限定的な(あるいは"狭い")ものになるはずです. 市場適応のための"ミックス・フィット"がここでも求められるのです.

以上, T.T. を活用するにせよ, M.T. を構築するにせよ,「流通ルート」を通して顧客の「ブランド・エクイティ」に働きかけるためには, 本講1. 注意点の ③ で示したように, 流通ルートが, 顧客との情報交換のための経路とし

図9—3 流通戦略(これからの)

- 「日本的流通システム」(卸・小売)と共存
  (対決姿勢ではなく,既存の流通業を味方に)
- メーカーによる選択的な流通構築(M.T. と T.T. の使い分け)

⬇

[ポイント]
- エンドユーザーのカスタマー・エクイティ(ブランド・アイデンティティ)強化
- 標的市場との十分なコミュニケーション
- 高マージン(価格)による流通業者の囲い込み

て機能していなければなりません.ここでいう情報交換のための経路とは,顧客との双方向のコミュニケーションルートを意味します.従来のいわゆるT.T.(伝統的流通)はコスト上で非効率であるから,すべからくこれを排除すべきだという考え方は,戦略的マーケティングの視点でみても正しいとはいえません.繰り返しますが,問題は「生産者」vs.「流通業者」あるいは「M.T.」「T.T.」という"二元論"にあるのではなく,流通ルートを通して,"市場の主役"である顧客とどう関わりあうかというところにあるのです(図9—3参照).

(4) 流通戦略のショートケース～インテル～

　流通戦略とは,パワーを用いて流通を支配することではなく,顧客の「ブランド・エクイティ」に働きかけるために,顧客との間に双方向のコミュニケーションルートを構築することです.そこにおける「流通ルート」は,必ず他のマーケティング手段との組合せ(マーケティング・ミックス)の中で用いられます.ここで,世界的な半導体ブランドである「インテル」の事例をみておきましょう.「インテル」は半導体メーカーですから,その流通はエンドユーザーに直結したものではありません.いわゆる"B to B"と呼ばれる流通形態です.しかし,その「流通戦略」には,適応のための重要なヒントが見出されます.

「インテル」は，1968年に誕生した米国半導体業界のリーディング・カンパニーです．ダイナミックRAM（DRAM）やマイクロプロセッサー（MPU）を他メーカーに先駆けて開発・販売し，1970年代には圧倒的シェアを誇っていました．ところが，1980年代になると，日本のDRAM製造メーカーの大躍進により，「インテル」はDRAM市場から撤退を余儀なくされます．事業をMPUに絞った同社は，相次いで新製品を発表しますが，今度はライバルであるモトローラのシェア拡大により，MPU市場においても窮地に陥ります．

こうした背景の下，「インテル」は1990年代初頭から，"Intel Inside"（インテル・インサイド）という有名なプロモーション活動を展開し始めました．これは，「インテル」が直接の顧客であるPCメーカーに対してマーケティング経費を支払い，PCメーカーは自社製品の目立つところに"Intel Inside"のステッカーを貼付し，「インテル」のエンドユーザー向けプロモーション活動に協力するというものです．当時，MPUのグローバル市場は過当競争気味であったにもかかわらず，この生産財メーカーと顧客企業が一体となったプロモーション活動は功を奏し，1992年における「インテル」の売上は前年比63％も増大しました．

半導体メーカー⇒PCメーカー⇒エンドユーザーという流れは，生産財（産業財）である半導体の「流通ルート」です．同時に，「インテル」にとって，この流れはエンドユーザーに半導体という生産財を認知させ，「ブランド・エクイティ」を構築するためのコミュニケーションルートでもあったわけです．寺本義也他は[2]，「インテル」が構築したこの「流通戦略」を「直接アプローチ」および「間接アプローチ」という言葉で説明しています．生産財の流通ルートを見直すことにより，従来からあるPCメーカーへのコミュニケーションルート（直接アプローチ）に加え，エンドユーザーへのコミュニケーションルート（間接アプローチ）の構築に成功したのです．エンドユーザーの「インテル」製品に対する「ブランド・エクイティ」は，今日揺るぎないものになりました．

効果的・効率的な「流通戦略」とは，流通支配のためのパワーを発揮するこ

とではなく,「インテル」のように,市場の"主役"である顧客との双方向の結び付きを作り上げることです．そのためには，前述のように，流通ルートを核としたマーケティング手段のベスト・ミックスを作成することが不可欠となります．T.T.（伝統的流通）M.T.（近代的流通）にかかわらず，また「商習慣」がいかに根強くとも，エンドユーザーとの結び付きを強めることこそが，メーカーにとっては，最も適切な流通コントロールの方法なのです．

注）--
1）㈶食品産業センター「ベトナム食品マーケット事情調査報告書」2009年．
2）インテルの戦略に関する記述については，以下の資料にもとづく．
　五反田建義，寺本義也「生産財企業におけるコーポレートブランド戦略の本質」経営品質学会，2004年秋季研究発表大会資料．
　Tim Jackson, *Inside Intel,* Harper Collins Publishers LTD., 1997.

第10講
プロモーション戦略

1. 新しいプロモーション戦略の考え方

(1) 新しいプロモーション戦略のポイント

「プロモーション」の基本的な考え方や具体的な方法論は，この十数年間で驚くほど様変わりしました．従来の概念や手法がまったく無用になったというわけではありません．本書の中でも，戦略的マーケティングにおける手段の組合せの重要な一要素として，たびたび「プロモーション」は登場してきました．「プロモーション戦略」は"変化"しているというよりも，より効率的な市場適応をめざして"進化"しているとみるべきでしょう（図10—1参照）．

こうした従来からの「プロモーション」には，いくつかの特徴があります．"PUSH型"「プロモーション」もその一つです．標的市場におけるブランド・エクイティを強化するために，企業は大規模メディアを通して，様々な製品・企業情報を発信します．また，本書で指摘してきたように，それら多くの「プロモーション」は，他のマーケティング手段との組合せにおいて用いられます．たとえば，第5講3．（「オロナミンC」や「カップヌードルのケース」）でみた

図10—1 戦略的マーケティングの変容

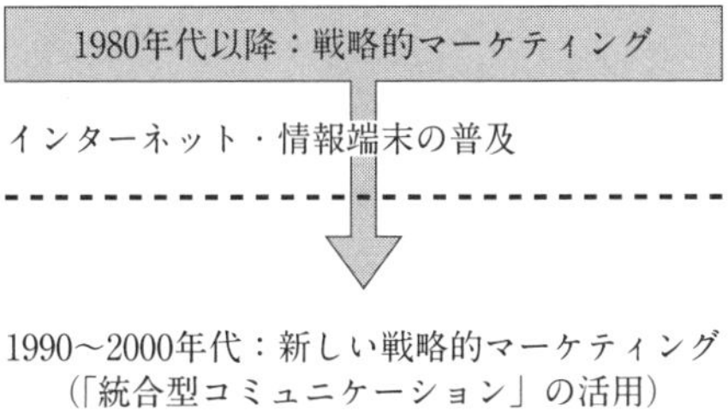

```
┌─────────────────────────────┐
│ 1980年代以降：戦略的マーケティング │
└─────────────────────────────┘
          │
インターネット・情報端末の普及
- - - - - - ↓ - - - - - -

1990〜2000年代：新しい戦略的マーケティング
（「統合型コミュニケーション」の活用）
```

ように，適応戦略を効率的に修正しなければならないケースにおいて，「プロモーション」はマーケティング・ミックスの中心として用いられます．

こうした戦略的マーケティングの考え方に沿った従来の「プロモーション」は，1980年代後半のバブル期に，テレビCMを中心に隆盛を極めました．それが大きく"進化"したのは，1990年代におけるインターネットと情報端末の普及の結果です．「企業と顧客」「顧客と顧客」を点と点で結び，なおかつ双方向性を有するインターネットは，メディアのあり方を根底から変えました．そして，戦略目的や経営資源の状況，あるいは市場環境に応じて，インターネットを核にメディアを自由に組合せる「統合型コミュニケーション」の概念や方法論がクローズアップされるようになったのです．今日，私たちは戦略的マーケティングの目的に応じた様々な種類の「統合型コミュニケーション」に接しています．こうした「統合型コミュニケーション」にとってきわめて重要なのが，情報交換のための「場」すなわち「コミュニティ」の存在です．「統合型コミュニケーション」の多くは，戦略的マーケティング上の先端的「ビジネス・モデル」として知られています．ここでは，新しいプロモーション戦略のポイントを3つ挙げておきたいと思います．

〈新しいプロモーション戦略のポイント〉
① インターネット・情報端末の技術進化および普及に立脚している
② 手法としての「インターネット・コミュニティ」構築
③ 手法としての「統合型コミュニケーション」

では次に，新しいプロモーション戦略を立案・実行する上での基本概念について考えてみたいと思います．

(2) "ホリスティック"なアプローチ

本節以下では，新しいプロモーション戦略にとって不可欠な基本概念につい

て明らかにします．それらを踏まえ，次節2．では，その具体的手法について詳述したいと思います．インターネットを核とした新しいコミュニケーションにとって不可欠な基本概念は，大きく「コンタクト（もしくはタッチ）」に関するものと「コミュニティ」に関するものに分かれます．

　消費者との「コンタクト」に関連した基本概念で，最も重要になるのが"ホリスティック"（Holistic[1]）という考え方です．"ホリスティック"（Holistic）という用語は，この数年間（2005年頃から）で，様々な分野において急速に広がりました．"ホリスティック"（Holistic）という言葉は，もともとは哲学あるいは医学の言葉で，その原義は，"全体論的な""全体観的な"あるいは"全視野からの"ということです．たとえば，医学の分野において，症状が出てから治療薬で対症療法を施すのではなく，日常の生活態度や普段の食事を見直すなど，"全生活的視点"から病気の根源に対応しようとする考え方です．ここでいう"全生活的視点"というアプローチは，インターネットを中心とした新しいプロモーション戦略にとって，今日，きわめて重要なものになっています．

　"ホリスティック"なアプローチとは，消費者を一人の"生活者"と見なすことにより，企業と消費者の係りを捉え直そうというものです．前項で述べた従来からの「プロモーション」においては，企業は消費者の購買心理や購買行動という側面にのみ注目しています．そして，消費者に効率的にコンタクトするために最も適切なプロモーション方法を選択し，マーケティング・ミックスを作成します．これに対し，"ホリスティック"なアプローチでは，企業は"生活者"（＝消費者）の全生活にコンタクトしようとします．たとえば，朝起きてから夜寝るまでの間の生活について考えてみて下さい．私たちは，その間に，いくつのメディアに接するでしょうか？　実に多種多様なメディアが私たち"生活者"を取り巻いています．テレビCM，携帯のメール広告，電車内の交通広告，新聞など大規模な紙媒体，路上でのイベントや人的販売等，数え上げればキリがありません．"ホリスティック"なアプローチを行おうとする企業は，標的市場である"生活者"の行動パターンを分析した上で，それら多種

図10-2　新たなフレームワーク「ホリスティック」
・「生活者としての消費者」と「全視野」から「コンタクト」する

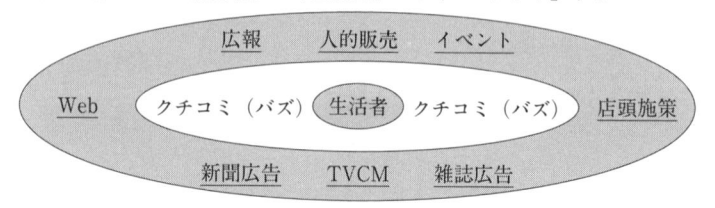

（楕円図：広報、人的販売、イベント／Web、クチコミ（バズ）、生活者、クチコミ（バズ）、店頭施策／新聞広告、TVCM、雑誌広告）

多様なメディアを用いた多くのコンタクト・ポイントを"生活者"の周囲に設置します．そして，彼らの日常的な行動パターンに合わせて，多様なメディアを組合せた「統合型コミュニケーション」を実行するのです．

　消費者を"生活者"と見なし，生活の全方位からのコンタクトを試みる"ホリスティック"なアプローチが可能になった背景には，いうまでもなく，インターネットと情報端末の普及があります．消費者が日常生活の中で使用する小型「情報端末」は，企業に最も効率的かつ確実なコンタクト・ポイントを提供しているのです．また，"生活者"とのコミュニケーションにおいて非常に重要になるのが，生活の"場"あるいは生活者の"コミュニティ"という考え方です．次に，新しいプロモーション戦略に不可欠な基本概念の2つ目として，「コミュニティ」を取り上げ，説明したいと思います（図10-2参照）．

(3)　場（あるいはコミュニティ）〜渋谷のファッション・コミュニティ〜
　新しいプロモーション戦略に不可欠な2つ目の基本概念は，生活者（消費者）のいる"場"もしくは"コミュニティ"という考え方です．前項で説明した"ホリスティック"（全生活的）なアプローチにおいては，企業が生活者に対して全方位からのコンタクトを行いますが，その場合，最も戦略的な方法が生活者のいる"場"や"コミュニティ"をターゲットとし，これにアプローチすることです．従来からの「プロモーション戦略」においては，市場をセグメント化し，さらにセグメントの中から標的となる市場を探索し，それら個別のター

ゲット市場に対してアプローチを行いました．これに対して，全生活的な視点に立ったコミュニケーションにおいては，生活者が所属する既存の「場（コミュニティ）」を探索，あるいは新たな「場（コミュニティ）」を設置し，これらの「場（コミュニティ）」を通して，ターゲット顧客にアプローチを行います（図10-3参照）．

こうした「場（コミュティ）」の概念が用いられるようになった背景には，"ホリスティック"コミュニケーションと同じく，インターネットと情報端末の普及があります．しかし，ここで気を付けたいのは，基本概念としての「場（コミュティ）」には，インターネット上のコミュニティのみならず，リアルな（現実世界の）「コミュニティ」も含まれるという点です．マーケティングにおける「コミュニティ」というと，私たちはインターネットの中に設置された種々の場所を想像します．ところが，実際はリアルな（現実世界における）市場にも様々な「コミュニティ」が存在しています．また，企業や生活者自らにより，人為的に形作られた「コミュニティ」（ネット・リアル問わず）もあれば，自然発生的に形成された「コミュニティ」もあります．後者の（自然発生的コミュニティ）の場合，そこに参加している生活者が「コミュニティ」の存在自体に気付いていないこともあります．

先に「価格戦略」において取り上げた渋谷や原宿のアパレル市場[3]について再度考えてみましょう．東京のファッション発信地に集まる若者のファッションは，その嗜好傾向に応じていくつかのグループに分けられました．各嗜好グル

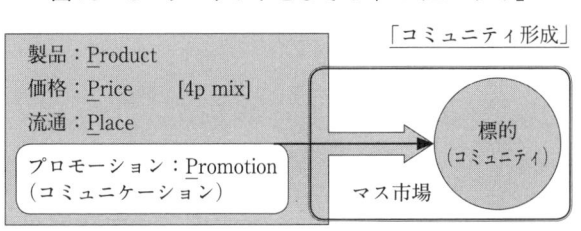

図10-3　ターゲットとしての「コミュニティ」

製品：Product
価格：Price　[4p mix]
流通：Place
プロモーション：Promotion
（コミュニケーション）

「コミュニティ形成」

標的（コミュニティ）

マス市場

ープはそれぞれ独自の文化的背景をもっており，ニッチな市場を形成しています．たとえば，渋谷の"クラブ・カルチャー"を文化的背景とするある嗜好グループは，かつて"ギャル男"と呼ばれるニッチな市場セグメントを形成していました．"ギャル男"の店舗が集まる109②（イチマルキュー・ツー）ビルや"クラブ"は，そのようなファッションに身を包んで生活する若者たちにとってのリアルな「コミュニティ」でした．彼らは，渋谷や原宿という現実世界に点在するそれら「コミュニティ」に集まり，消費情報の交換を行ってきました．これに対し，新興のアパレル企業は，ファッション雑誌や街角イベントなどを通して，"ギャル男"たちのリアルな「コミュニティ」にアプローチし，彼らとのコミュニケーションを深めてきたのです．一方で，それら企業のいくつかは，インターネット上に，携帯電話からの閲覧が可能な"ギャル男"ファッションのネット「コミュニティ」を設置しました．そして，それら人為的なネット「コミュニティ」と渋谷に存在するリアルな「コミュニティ」に対して，文字通り24時間フル稼働の"ホリスティック"な（全生活的な）コミュニケーションを展開したのです．

(4) クチコミ

　新しいプロモーション戦略に不可欠な基本概念の3つ目としてクチコミ（Buzz）を挙げたいと思います．前項では，新しいプロモーション戦略においては，ターゲット化された「コミュニティ」に対して"ホリスティック"な（全生活的な，あるいは全視野からの）アプローチを行うことが重要であると述べました．そして，こうした戦略の成功には，コミュニティ内部，さらにはコミュニティと外界をつなぐ「クチコミ」によるコミュニケーションが不可欠です．

　旧来のマーケティング理論では，「クチコミ」はマーケティング手段としての「プロモーション」の一構成要素（4Pの一つ），すなわちプロモーション・サブ・ミックスの一つに過ぎませんでした．これに対し，新しいプロモーショ

ン戦略における「クチコミ」は，全社的戦略の立場から立案・実行されるもので，市場適応活動の中心的な役割を果たします．企業の効率的な市場適応活動に不可欠なツールといってもよいでしょう．筆者が考えるクチコミを有効に活用するためのポイントは，以下の2つとなります．

〈クチコミを活用するためのポイント〉
① クチコミは「コミュニティ」を中心に形成され，拡散すること
② 顧客間，メディア間，コミュニティ間の"情報格差"に注目すべきこと

はじめに，上記ポイント①についてです．通常，クチコミはターゲットとしての「コミュニティ」を中心に広がります．企業は，そこにおけるクチコミの発生と広がりを十分に意識して，「コミュニティ」（ターゲット）にアプローチしなければなりません．

次に，②についてです．クチコミは「情報格差」のあるところに発生し，「情報格差」を埋めるべく移動します．たとえば，顧客のもっている情報に質的・量的な格差があることが明らかな場合，"もたざる顧客"は"もてる顧客"との「情報格差」を埋めるべく，自ら情報収集行動を行います．こうした「情報格差」は様々なレベルにおいて存在します．顧客間にも情報の格差はありますが，各「コミュニティ」の間にもそれは見出せます．あるいは，それぞれの「メディア」がもつ情報にも格差が存在するのです．クチコミを活用する場合，企業はこれら「情報格差」の存在に留意する必要があります．場合によっては，プロモーション戦略の一環として，クチコミを発生・拡散させるために，"故意に"顧客間やコミュニティ間に「情報格差」を設定することも考えなければなりません．

2. インターネット・コミュニティと統合型コミュニケーション

(1) インターネット・コミュニティの構造

　新しいプロモーション戦略を実行するためには,「コミュニティ」の活用が不可欠です.「コミュニティ」は,インターネット上に構築される場合もあれば,リアル世界に存在している場合もあります.ここでは,新しいプロモーション戦略の一般的な手法としての「インターネット・コミュニティ」について,既存研究の成果を踏まえつつ説明していきましょう.筆者がみるところ,これまでの「インターネット・コミュニティ」に関する研究は,「コミュニティ」の"構造"に関するものと,そこにおける"消費者行動"(参加者行動)に関するものに分けられます.

　はじめに,"構造"に関する既存研究をみていきましょう."構造"に関する研究の中で,戦略的マーケティング上,最も有用と思われるのが,根来龍之・木村誠[4]が提唱した「インターネット・コミュニティ」を「情報の形態」と「コミュニティの目的」にしたがって類型化するという考え方です.この考え方自体,新しいものではありませんが,その着眼点は「インターネット・コミュニティ」をプロモーション戦略のツールとして考えていく上できわめて有用です.通常,インターネット上の情報は"流通しているもの"と"蓄積されているもの"に分かれます.前者を"情報のフロー"と呼び,後者を"情報のストック"と呼ぶことにしましょう.これが,類型化のための第一軸です.次に,インターネット上の情報は,純粋に商取引行為のために活用されるものと,商取引行為から離れ,ネット参加者の個人的意見や価値観の伝達のために活用されるものがあります.これが第二軸です.これら2つの軸に従えば,「インターネット・コミュニティ」は,4つのタイプに分割されることになります.「商取引行為—情報フロー」「商取引行為—情報ストック」「商取引行為から独立—情報フロー」「商取引行為から独立—情報ストック」の4つです.優れた「インターネット・コミュニティ」は,常に,これら4タイプから成るマトリ

図10—4 コミュニティのモデル化

	やりとり（知識のフロー）	たくわえ（知識のストック）
あきない（商行為）	(A) 商取引行為 「B to C」「C to C」 例：財・サービス・情報の購買	(B)「商取引行為」の蓄積 例：購買履歴 　　（検索履歴・閲覧履歴）
よりあい（商行為から独立）	(C) 商取引から独立した知識交換 「C to C」 例："特定の価値"に関する「SNS」「チャット」「掲示板」などへの"参加""書込み"	(D)「商取引から独立した知識交換」の蓄積 例：「評価」 　　「ランキング」

知識コミュニティ（収益コミュニティのドライバー）

出所）根本龍之, 木村誠『ネットビジネスの経営戦略』日科技連, 1999年, p.11の図に加筆

クス構造を有しています（図10—4参照）．

　さて，マトリクス上に配置されたこれら4つの「インターネット・コミュニティ」のうち，企業の収益にとって最も重要なものはどれでしょうか？　それは「商取引行為―情報フロー」のページです．そこは，売買に関する「申込」（依頼）行為と「販売」（受託）行為のための場所であり，取引のためのデータ（商品名，価額，個数など）交換が行われます．つまり，「インターネット・コミュニティ」を収益に結び付けるための場所なのです．次に重要なのが，「商取引行為から独立―情報ストック」のページです．ここには，商取引行為の成立とは直接関係のない，商品や企業に関する"個人的評価"や"個人的意見"が"ストック化"（蓄積）されています．それらのほとんどが，コミュニティ参加者から寄せられた定性的・個人的情報です．それらの情報は，必ずしも売買行為そのものの成立に必要というわけではありません．しかしながら，「インターネット・コミュニティ」を訪れる消費者の多くが，この「商取引行為から独立―情報ストック」のページに立ち寄ります．そして，商品や企業に関する様々な個人的な情報を収集した上で，購買活動を行うのです．いわば，それは，消費者を購買に向かわせるための"ドライバー"として機能するのです．

(2) インターネット・コミュニティにおける消費者行動

次に,「インターネット・コミュニティ」内における"消費者行動"(参加者行動)に関する研究をみていきましょう."消費者行動"に関する研究の中でも,戦略的マーケティング上,とくに興味深いものが,國領二郎[5]とその研究グループによる「ROM」(ロム),「RAM」(ラム)の行動および「コネクター」に関する研究です.

意図的に設置された「コミュニティ」であれ,あるいはインターネット上に自然発生的に形成された「コミュニティ」であれ,そこに出入りする参加者は,「ROM」と「RAM」に大別されます.「ROM」は Read Only Member すなわち「黙って読んでいる人」であり,「RAM」とは Radical Action Member「積極的に行動する人＝書き込む人」のことです.インターネットの世界においては,通常,「RAM」よりも「ROM」の数の方が多いとされています.また,両者は「インターネット・コミュニティ」内においてのみ活動しているわけではなく,リアルな世界すなわち「リアル・コミュニティ」とも繋がりを有しています.「インターネット・コミュニティ」に多数の消費者が訪れ,それが新しい戦略的プロモーションのツールとして機能するためには,そこにおいて,多くの価値ある情報・知識が生成されることが不可欠です.そのためには,「RAM」(積極的に行動する人＝書き込む人)が積極的な情報・知識の提供を行わなければならないのはいうまでもありません.しかし,「RAM」の役割以上に重要なのが,"読者"である「ROM」の存在です.本来,「黙って読んでいる人」を意味する「ROM」ですが,彼らが"黙っている"のはインターネットの中だけで,実際は「ROM」が「インターネット・コミュニティ」と「リアル・コミュニティ」を結び付ける重要な役割を果たします.つまり,「ROM」の役割とは,「インターネット・コミュニティ」で獲得した情報を「リアル・コミュニティ」へと伝播させることなのです.研究の結果,「ROM」は「RAM」よりも多くのリアル世界との接点をもっていることがわかっています.彼らが「リアル・コミュニティ」との橋渡しを担うことで,戦略的プロ

モーションのツールとしての「インターネット・コミュニティ」は活性化していきます．こうしたリアルとネットの繋ぎ役を「コネクター」と呼びます．

さて，「コネクター」としての「ROM」は，「インターネット・コミュニティ」においては，いわば"素人の"参加者であり，"コアユーザーではない"参加者ということができるでしょう．こうした"ライトユーザー"を「インターネット・コミュティ」に引き寄せるためには，次の3点が重要とされています．「インターネット・コミュニティ」に多くの「ROM」が参加し，それが新しいプロモーション戦略のツールとして有用なものとなるためには，これらのポイントを押さえておかなければなりません．

〈戦略ツールとしての「インターネット・コミュニティ」設置のポイント〉
① "ライトユーザー"（ROM）の嗜好に合わせた多くの"カテゴリー"が存在している
② "ライトユーザー"（ROM）も気軽に読めるような雰囲気を作り出している
③ "ライトユーザー"（ROM）が参加しやすいように，情報交換プロセスが管理されている

(3) 統合型コミュニケーションの本質

「インターネット・コミュニティ」と並ぶ，新しいプロモーション戦略の一般的手法の2つ目が「統合型コミュニケーション」です．この十年来，この「統合型コミュニケーション」に関連して，「クロスメディア」という言葉も盛んに用いられるようになりました．「クロスメディア」とは，複数のメディアを自由に組合せることにより，ターゲットにアプローチしようとする手法のことで，考え方としては上記の「統合型コミュニケーション」によく似ています．しかしながら，注意してみると，今日，「クロスメディア」といった場合，その多くは広告メディアそのものや広告メディアの組合せを指している場合が多いのです．筆者は，広告メディアそのものよりも新しいプロモーション手法

の"戦略性"に注目しています．したがって，ここでは，「クロスメディア」ではなく，「統合型コミュニケーション」について述べておきたいと思います．「統合型コミュニケーション」の手法は，前節で述べた基本概念（"ホリスティック""コミュニティ""クチコミ"）を踏まえたものです．「統合型コミュニケーション」を行おうとする企業は，インターネットを核とした複数のメディアを自在に組合せ，ホリスティックな（全生活的）視点から，消費者とのコミュニケーションを試みます．コミュニケーションのための中心的なメディアはインターネットです．先述の「インターネット・コミュニティ」（既存のもの・企業設置を問わず）を活用し，企業やブランドや製品に関する「クチコミ」[6]を発生・拡散させます．

　さて，本書で繰り返し述べてきたように，戦略的マーケティングとは，限られた経営資源の中で効率的な市場適応を果たすために，マーケティング手段のベスト・ミックスを作成し，標的市場にフィットさせることです．ですから，戦略的マーケティングにおける「統合型コミュニケーション」は，効率的な市場適応のために，あくまでも他のマーケティング手段（製品・価格・流通）との組合せにおいて用いられます．その場合において，とくに重要となるのが，「製品」の優位性や差別性です．強いブランド力（認知度，浸透度，好感度において）を有していること，品質において明らかに他より優れていること，他にはない新しい機能を備えていることです．さらに，重要となるのが，「統合型コミュニケーション」を行おうとする企業が置かれている市場環境です．需要環境や競争環境の相違によって，「統合型コミュニケーション」のめざす方向性は異なります．市場が競争的市場なのか寡占市場なのかによって，メディア・ミックスのめざす方向性は異なってきます．たとえば，寡占市場において収益を上げようという場合は，すでに存在している市場リーダーのターゲット（顧客層）や使用プロモーション・メディアを十分に意識した「統合型コミュニケーション」のプランニングが不可欠となります．以上をまとめると，以下の通りとなります．

〈「統合型コミュニケーション」のポイント〉
① 戦略的マーケティングのツールとして，手段の組合せの中で用いられること
② 製品・サービスに本来的な差別性（ブランド・品質・機能など）が備わっていること
③ 置かれた市場環境により，メディア・ミックスがめざす方向性が異なること

⑷ 統合型コミュニケーションのショートケース
　　～「TSUBAKI」と「ひかりONE」～

　では，前節のポイントを踏まえ，企業が「統合型コミュニケーション」をどのように活用しているのか，事例を中心にみていきましょう．

　ナショナル・ブランドを所有する大企業が，「統合型コミュニケーション」を立案・実行する場合，その主たる目的は短期間におけるブランドの認知と浸透です．こうした"メガブランド"のための「統合型コミュニケーション」は，"新規需要の掘り起し"を志向するものと，"競争対抗"を志向するものに分けられます．"新規需要の掘り起し"を志向した事例が，株式会社資生堂のメガブランドである「TSUBAKI」[7]の事例です．また，"競争対抗"を志向したものとしては，KDDI株式会社の「ひかりONE」[8]が挙げられます．

　資生堂は，新たな"メガブランド"として，2006年3月に新ブランド「TSUBAKI」をシャンプー市場に投入しました．このブランドのプロモーション戦略は，典型的な"新規需要の掘り起し"のための「統合型コミュニケーション」です．海外ブランド，国内ブランド入り乱れての激戦が展開されているシャンプー市場はきわめて競争的な市場です．さらには，次々と新しい流行や新製品が生まれる変化の激しい市場でもあります．こうした市場に新製品を投入するためには，スタート時点におけるブランド認知とブランド浸透がきわめて重要となります．同社は店頭施策を中心に，テレビCM，インターネッ

ト，新聞広告等をミックスさせ，コンタクト・ポイントを数多く設置しました．さらに，インターネット上のブランドサイトへの誘引も積極的に行いました．こうしたプロモーション戦略が功を奏し，「TSUBAKI」は3月の発売からわずか1ヵ月で一躍トップブランドに躍り出ました．

　これに対し，"競争対抗"志向の「統合型コミュニケーション」の典型的ケースがKDDI株式会社の「ひかりONE」です．「ひかりONE」は，従来からあったKDDIの光事業と東京電力の光事業が合体（正確にはKDDI側が東電の事業を買収）し，2006年に始まりました．当時も，また現在においても，光回線のブランドにおいて圧倒的な市場浸透率とシェアを誇っているのは，NTTのFLET'S（フレッツ）です．国内の光回線市場は，"巨人"対"その他大勢"がシェア争いを行っている寡占市場なのです．2006年当時，KDDIと東京電力の光回線契約者数の合計は39万件程度であり，FLET'Sの契約者数のわずか7分の1程度に過ぎませんでした．KDDIの戦略目標は，短期決戦においてブランド認知率と浸透率を高め，リーダーであるFLET'Sのシェアを切り崩すことでした．こうした目的に沿って，KDDIは「統合型コミュニケーション」を開始しました．しかし，「ひかりONE」の「統合型コミュニケーション」は，「TSUBAKI」のそれとは異なります．通信回線のブランド化には，サービス自体の信頼性がきわめて重要になります．信頼性を"売り"にするためには，新聞という従来型の大規模紙媒体を用いるのが効果的でした．さらには，上述のように，"競争対抗"上のライバル企業の存在が明らかでした．KDDIは，「TSUBAKI」のようにホリスティックな視点からコンタクト・ポイントを数多く設置するのではなく，新聞という従来型メディアとブランドサイトを組合せることにより，顧客の信頼感を勝ち取ろうとしたのです．

注）
1）複合体や複合的な組織は，構成要素の機能や大きさの「総体」を越えた存在であるとする「Holism」（ホリズム＝全体論）の考え方に由来する言葉．

2）コンタクトポイント^TM という用語は，本来，株式会社電通の登録商標である．
3）コミュニティを核とした新興アパレル企業の戦略については，株式会社ワールドコンクエスト　広報担当　津田鉄平氏の知見による．津田氏には渋谷・原宿のアパレル市場の現状を把握する上で大変お世話になった．
　ワールドコンクエストホームページ　http://www.w-conquest.com/
4）インターネット・コミュニティの構造に関する記述は，下記に基づく．
　根来龍之，木村誠『ネットビジネスの経営戦略』日科技連，1999年，pp.7-16.
5）インターネット・コミュニティにおける消費者（参加者）行動に関する諸知見は，國領二郎とその研究グループの成果に基づく．具体的には以下の文献があげられる．
　小川美香子・佐々木裕一・津田博史・吉松徹郎・國領二郎「黙って読んでいる人達（ROM）の情報伝播行動とその購買への影響」『マーケティングジャーナル』88号，Vol.22, No.4, 2003年3月．
6）クチコミとインターネット・コミュニティについては，以下の論文に詳しい．
　井上実「クチコミ・マーケティングの視点から見たネット・コミュニティ」『実践女子大学紀要』2009年3月．
7）資生堂TUBAKIのケースは，以下の資料にもとづいている．
　「IMCから見たTUBAKIのメガブランド戦略」読売ADリポートojo（オッホ），Vol.9, No.4-5, 2006年7／8月号．
8）KDDIのケースは，以下の資料に基づいている．
　「リスティング広告と新聞広告の相性」読売ADリポートojo（オッホ），Vol.9, No.7, 2006年10月号．

あとがき

　本書は戦略的マーケティングを成功させるためのノウハウについて述べた本ではありません。具体的なマーケティング手法やそのための「ツール」について書かれた本はすでに数多くあり、それらのいくつかには実務上極めて有用なものが存在します。本書の中心的なテーマは、戦略的な市場適応を志向するマーケターが学ぶべき思考方法や行動原則についてです。さらには、それらを理解した上で、個別のマーケティング手段をどのように活用するべきか、その際の注意点についても書き記しておきました。

　「戦略」を発案・実行するための思考方法や行動原則をしっかり身に付け、その上でいかに"自由"かつ"合理的な"市場適応の「アイディア」を発想するか。戦略的マーケティングに成功するための鍵は、まさにそこにあるのです。マーケターを志す方々には、本書を繰返し熟読し、市場適応のための斬新なアイディアを発想していただきたいと思います。

　筆者の身勝手な依頼にもかかわらず、快く資料を提供して下さいました「株式会社大塚製薬」「日清食品株式会社」「エースコック株式会社」の各社に対しまして、この場を借りて、深く感謝の意を表す次第です。最後に、本書の執筆と出版に関しまして、多くの励ましと的確な助言をいただいた株式会社学文社の田中千津子社長ならびに編集部の方々に、厚く御礼申し上げます。

平成 23 年　初春

目黒良門

索引

あ行

アップル……………………………… 110
アライアンス……………………………88
行き過ぎた個別適応化………………37
一次データ………………………………66
インターネット・コミュニティ……… 190
インテル……………………………… 180
Wii（ウィー）……………………………20
ウォレス，A. F. C. …………………… 104
エイベル，D. F. ………………………50
エースコック株式会社……………… 118
エンドーサー………………………… 136
オロナミンCドリンク…………………94

か行

外的環境の変化………………………36
回転差資金…………………………… 173
開放的チャンネル…………………… 175
価格…………………………………… 142
価格戦略……………………………… 142
価格変更……………………………… 143
過剰適応………………………………37
カスタマー・エクイティ……………… 124
仮説……………………………………13
価値基準………………………………68
価値知覚………………………………68
過長性………………………………… 169
カップヌードル…………………………97
環境（市場）適応行動………………… 2
間接アプローチ……………………… 181
企業戦略………………………………42
企業理念の構築………………………44
企業レベル……………………………42
競争対抗戦略…………………………53
競争状況の変化………………………36
近視眼…………………………………15

金融機能……………………………… 173
クチコミ……………………………… 194
クリステンセン，C. M. ……………… 160
クロスメディア……………………… 193
経営資源の再分配…………………… 104
計画的陳腐化…………………………89
ゲマワット，P. ……………………… 113
高感度市場…………………………… 109
考察枠組み……………………………22
行動基準………………………………67
顧客ニーズ…………………………… 7
国際マーケティング………………… 102
コスト・センター………………………10
コスト・プラス法…………………… 145
コスト割れ……………………………35
コネクター…………………………… 193
コ・ブランディング………………… 139
個別的適応化…………………………22
コーポレート・ブランド…………… 136
コミュニティ………………………… 190
コンセプト……………………………92

さ行

再度の失敗……………………………41
細分化基準……………………………64
サブ製品カテゴリー…………………56
サブ・ブランディング……………… 139
サブ（補助的な）・ブランド ……… 136
産業財………………………………… 109
事業戦略………………………………42
事業ブランド………………………… 136
事業領域………………………………49
事業レベル……………………………42
市場細分化……………………………64
市場の「成熟化」………………………36
市場の文化的背景…………………… 103
市場不適応……………………………35

実勢価格設定‥‥‥‥‥‥‥‥‥‥ 146
失敗の結果‥‥‥‥‥‥‥‥‥‥‥‥82
失敗の原因‥‥‥‥‥‥‥‥‥‥‥‥82
シャドー・エンドーサー‥‥‥‥ 136
手段への固執‥‥‥‥‥‥‥‥‥‥41
需要状況の変化‥‥‥‥‥‥‥‥‥36
商慣習‥‥‥‥‥‥‥‥‥‥‥‥‥ 174
上層吸収価格戦略‥‥‥‥‥‥‥ 148
　　──の要件‥‥‥‥‥‥‥‥ 150
上層市場‥‥‥‥‥‥‥‥‥‥‥‥ 109
情報格差‥‥‥‥‥‥‥‥‥‥‥‥ 189
情報伝達‥‥‥‥‥‥‥‥‥‥‥‥58
情報の共有‥‥‥‥‥‥‥‥‥‥‥58
人口属性基準‥‥‥‥‥‥‥‥‥‥66
浸透価格‥‥‥‥‥‥‥‥‥‥‥‥ 152
心理基準‥‥‥‥‥‥‥‥‥‥‥‥67
衰退期‥‥‥‥‥‥‥‥‥‥‥‥‥55
スタートアップ・ステージ‥‥‥77
スターバックス‥‥‥‥‥‥‥‥‥23
生活意識‥‥‥‥‥‥‥‥‥‥‥‥69
成功パターン‥‥‥‥‥‥‥‥‥‥ 2
成熟期‥‥‥‥‥‥‥‥‥‥‥‥‥55
成長期‥‥‥‥‥‥‥‥‥‥‥‥‥55
製品カテゴリー‥‥‥‥‥‥‥‥‥56
製品ブランド‥‥‥‥‥‥‥‥‥ 136
セミ・グローバル市場‥‥‥‥‥ 114
選択的チャンネル‥‥‥‥‥‥‥ 175
戦略‥‥‥‥‥‥‥‥‥‥‥‥‥‥ 2
　　──意志‥‥‥‥‥‥‥‥‥ 101
　　──事業単位‥‥‥‥‥ 49, 50
　　──の「失敗」‥‥‥‥‥‥35
　　──の修正‥‥‥‥‥‥‥‥79
　　──の「プロセス」‥‥‥‥42
　　──の「評価」‥‥‥‥‥‥29
　　──の変更‥‥‥‥‥‥‥‥79
　　──「目的」‥‥‥‥‥‥‥29

た　行

ターゲット‥‥‥‥‥‥‥‥‥‥‥91
ターゲットフィット‥‥‥‥‥‥‥47
多段階性‥‥‥‥‥‥‥‥‥‥‥ 169

WR指数‥‥‥‥‥‥‥‥‥‥‥‥ 169
チャレンジャー‥‥‥‥‥‥‥‥‥53
チャンドラー，A.‥‥‥‥‥‥‥‥57
チャンネル政策‥‥‥‥‥‥‥‥ 175
チャンネル選択基準‥‥‥‥‥‥ 175
直接アプローチ‥‥‥‥‥‥‥‥ 181
地理基準‥‥‥‥‥‥‥‥‥‥‥‥66
低価格標準化‥‥‥‥‥‥‥‥‥ 158
適応‥‥‥‥‥‥‥‥‥‥‥‥‥‥ 4
統合型コミュニケーション‥‥‥ 193
同質化‥‥‥‥‥‥‥‥‥‥‥‥‥73
導入期‥‥‥‥‥‥‥‥‥‥‥‥‥55
特約チャンネル‥‥‥‥‥‥‥‥ 175
ドメイン‥‥‥‥‥‥‥‥‥‥‥‥50
ドライバー‥‥‥‥‥‥‥‥‥‥ 136
トラディッショナル・トレード‥ 164
トランザクション・コスト‥‥‥‥61
ドリームキャスト‥‥‥‥‥‥‥ 143

な　行

内的環境の変化‥‥‥‥‥‥‥‥‥36
2次データ‥‥‥‥‥‥‥‥‥‥‥66
ニッチャー‥‥‥‥‥‥‥‥‥‥‥55
日本マクドナルド‥‥‥‥‥‥‥‥25
任天堂‥‥‥‥‥‥‥‥‥‥‥‥‥20
値ごろ感による価格設定‥‥‥‥ 146
ネズミ捕り器‥‥‥‥‥‥‥‥‥‥ 5
ネットワーク型組織‥‥‥‥‥‥‥62

は　行

パーター，M.‥‥‥‥‥‥‥‥‥‥28
パパママ・ストア‥‥‥‥‥‥‥ 164
ハモンド，J. S.‥‥‥‥‥‥‥‥‥50
ヒト，モノ，金‥‥‥‥‥‥‥‥‥47
評価基準（評価軸）‥‥‥‥‥‥‥52
標準化‥‥‥‥‥‥‥‥‥‥‥‥‥22
標的市場‥‥‥‥‥‥‥‥‥‥‥‥65
ファイアット（Fiat）‥‥‥‥‥ 105
フォロワー‥‥‥‥‥‥‥‥‥‥‥53
PUSH型「プロモーション」‥‥ 183

物流 161
フラット化 114
ブランド・アイデンティティ 122
　――の再定義 138
ブランド・エクイティ（Brand Equity） 124
ブランド価値 122
ブランド・コンフリクト 131
ブランド・ストラクチャー 125
ブランド再構築 89
ブランド戦略 121
ブランド訴求力衰退 134
ブランドの体系化 127
プロダクト・ライフ・サイクル 55
プロフィット・センター 10
プロモーション 183
プロモーション戦略 183
「プロモーション」による修正 90
文化的差異 114
ベストエフォード 64
ベストプラクティス 12
変更・修正ステージ 77
変更と修正のためのコスト 84
変数 65
ポートフォリオ戦略 51
ポジショニング 91
ホリスティック（Holistic） 185
本質的衰退 134

ま　行

マーケティング・カンパニー 63
マーケティング・マイオピア 15
マーケティング・ミックス 6
マーケティング ROI 52
マーケティングレベル 42
マーケティング近視眼 15
マーケティング手段 6
マーケット・セグメンテーション 65
マーケティング戦略 42, 47
マーケティング要因による衰退 135
マスター（主たる）・ブランド 136
マッカーシー，J. 71
マネジリアル・マーケティング 47
ミックスフィット 47
メルセデス・ベンツ 86
目的の確認 44
モダン・トレード 164

や　行

ヤクルト 117
裕福層市場 109
4Pミックス（4P's） 9

ら　行

ライフスタイル 69
ラム（RAM） 192
リーダー 53
流通 161
流通戦略 161
レヴィン，K. 104
レビット，T. 15
ローエンド市場獲得戦略 160
ロム（ROM） 192

著者紹介

目黒良門（めぐろ・らもん）
早稲田大学法学部卒業
外資系メーカーにおいて営業，大手ゲームソフト会社において国際広報および経営企画業務に従事する傍ら早稲田大学大学院社会科学研究科修士課程修了
東京大学大学院工学系研究科博士課程単位取得（先端学際工学専攻）
現在，東京工科大学コンピュータサイエンス学部，同大学院アントレプレナー専攻（ビジネススクール）教授

専門は，戦略的マーケティングをベースとしたグローバル市場適応およびベンチャー企業の市場適応．特に近年は，ASEAN諸国における日系企業のマーケティング活動を中心にフィールドワークを続けている．
著書に『技術系ベンチャー企業のマーケティング行動分析』（学文社）

目黒研究室サイト
http://megurozemi.com/

戦略的マーケティングの思考

2011年3月30日　第1版第1刷発行
2019年1月20日　第1版第4刷発行

著　者　目　黒　良　門
発行所　株式会社　学　文　社
発行者　田中　千津子

〒153-0064　東京都目黒区下目黒3-6-1
電話（03）3715-1501（代表）振替　00130-9-98842
http://www.gakubunsha.com

乱丁・落丁本は，本社にてお取替致します．　印刷／株式会社亨有堂印刷所
定価は，カバー，売上カードに表示してあります．　〈検印省略〉

©2011 MEGURO Ramon Printed in Japan
ISBN978-4-7620-2168-8